思想政治教育研究文库

———

辅导员开展
思想政治教育工作的理论与实践

赵 妍 著

光明日报出版社

图书在版编目（CIP）数据

辅导员开展思想政治教育工作的理论与实践 / 赵妍
著 . -- 北京：光明日报出版社，2025.1. -- ISBN 978 -
7 - 5194 - 8414 - 9

Ⅰ. G645.1

中国国家版本馆 CIP 数据核字第 2025RA4178 号

辅导员开展思想政治教育工作的理论与实践
FUDAOYUAN KAIZHAN SIXIANG ZHENGZHI JIAOYU GONGZUO DE
LILUN YU SHIJIAN

著　者：赵　妍

责任编辑：刘兴华　　　　　　　　责任校对：宋　悦　李佳莹
封面设计：中联华文　　　　　　　责任印制：曹　净

出版发行：光明日报出版社
地　　址：北京市西城区永安路 106 号，100050
电　　话：010-63169890（咨询），010-63131930（邮购）
传　　真：010-63131930
网　　址：http：//book. gmw. cn
E - mail：gmrbcbs@ gmw. cn
法律顾问：北京市兰台律师事务所龚柳方律师

印　　刷：三河市华东印刷有限公司
装　　订：三河市华东印刷有限公司
本书如有破损、缺页、装订错误，请与本社联系调换，电话：010-63131930

开　　本：170mm×240mm
字　　数：130 千字　　　　　　　印　　张：10.5
版　　次：2025 年 1 月第 1 版　　　印　　次：2025 年 1 月第 1 次印刷
书　　号：ISBN 978 - 7 - 5194 - 8414 - 9
定　　价：85.00 元

目　录
CONTENTS

第一章　辅导员开展思想政治教育工作的进展情况……………… 1

第一节　辅导员工作的内涵与外延 …………………………… 1

第二节　辅导员的角色定位 …………………………………… 6

第三节　新时代高等教育的重大挑战 ………………………… 9

第二章　新时代任务 ………………………………………… 17

第一节　新时代新征程 ………………………………………… 18

第二节　立德树人重任 ………………………………………… 20

第三节　意识形态主导 ………………………………………… 23

第四节　导向更重关怀 ………………………………………… 25

第三章　工作范畴 …………………………………………… 29

第一节　从辅导员角度看思想政治教育工作 ……………… 30

第二节　与价值中立的心理咨询交叉重叠 ………………… 33

第三节　注重服务却非覆盖全部的工作实质 ……………… 38

第四节　德智体美劳全面发展的育人目标 ………………… 40

第四章 "时—地—人"三维度 ············ 44

第一节 "天时—地利—人和" ············ 45

第二节 秩序教育与显性教育 ············ 49

第三节 符号化教育与隐性教育 ············ 53

第四节 顺应万物互联时代特色 ············ 62

第五章 工作开展特征 ············ 67

第一节 自上而下与自下而上 ············ 68

第二节 合社会性与合规律性 ············ 73

第三节 专一性与开放性 ············ 77

第四节 团队发展与各司其职 ············ 80

第六章 与其他工作相区别 ············ 82

第一节 与行政管理相区别 ············ 83

第二节 非纯粹心理咨询 ············ 85

第三节 高质量开展党建工作 ············ 89

第四节 创新就业是重头戏 ············ 94

第七章 工作支点 ············ 102

第一节 练就忠诚慎独特质 ············ 103

第二节 掌握问题解决本领 ············ 106

第三节 制度保障不可或缺 ············ 115

第八章 进程标准化·······120

 第一节 工作专业化·······120

 第二节 实效标准化·······124

 第三节 监测体系化·······129

第九章 辅导员"专业化—职业化"工作体系·······132

 第一节 铸魂育人的案例·······132

 第二节 自我实现的展望·······135

 第三节 动力定型的模式·······136

 第四节 专业职业化趋势·······137

第十章 开启思想政治教育治理现代化新局面·······144

 第一节 总结规律做预案·······145

 第二节 沉着担当且自信·······146

 第三节 按部就班勿固化·······147

 第四节 熟生巧与急生智·······149

 第五节 遵循规律与建序·······150

结 语·······152

参考文献·······155

后 记·······158

第一章

辅导员开展思想政治教育工作的进展情况

辅导员开展思想政治教育是一项伟大事业。当前，我国已进入新发展阶段，踏上全面建设社会主义现代化国家的新征程，党和国家需要大量德智体美劳全面发展的社会主义建设者和接班人，在高校育人中强调培根铸魂，加强意识形态引导，培养具有爱国情怀、大智大德、专业创新、身体强健、崇尚美德、吃苦耐劳之才。全国 20 多万名辅导员的工作已进入新模式，需要对其工作进行更深层次的探讨及对其工作实质和工作实效进行更深入的研究。

第一节　辅导员工作的内涵与外延

在高校当中有一个相对特殊的岗位，辅导员。"百度汉语"解释："辅：古代绑在车轮外旁用于夹毂的两条直木，能增强车子的承受力；帮助；在古代指国都附近的地方。"《现代汉语词典》中，"辅"，"跟'主'相对"；"导"，有"引导、疏导、传导、开导、导演（指排演戏剧或拍摄影视片时，组织和指导演出工作）"等几种含义；"辅导"，就是"帮助和指导"①。在我国高校，辅导员是具教育、教学、管理、服务于一身的工作岗位，最初称为"政治指导员"，具有政治属性，最早出现在我党于江西瑞金创办的中国工农红军大学。中华人民共和国成立后的 1953 年，为加强学校学生的思想政治工作，清华大学率先提出在高校设立"政治辅导员"岗位，选拔思想觉悟高、业务素质好的高年级学生或青年教师半脱产从事思想政治工作。时至今日，此项工作岗位的名称已改为"辅导员"，在高校中已作为一种独立的职业存在：

> 辅导员是开展大学生思想政治教育的骨干力量，是高等学校学生日常思想政治教育和管理工作的组织者、实施者、指导者。辅导员应当努力成为学生成长成才的人生导师和健康生活的知心朋友。②

辅导员，就是在学校里提供帮助和指导的人，一方面帮助学校教育引导学生，宣传党和国家以及学校的正确主张，组织和指导开展教育、教学等工作；另一方面帮助学生按照学校的要求顺利完成学业，在各方面为其疏导心理、开导情绪、开展相关活动，与高校育人的每一个环节存在着千丝万缕的关系。可见，这项工作内涵并不复杂，其核心集中在"帮助"二字上。但是，正因为如此，根据事物的内涵和外延成反比的逻辑关系，此项工作的外延相当广阔，只要涉及帮助学生，都需要辅导员发挥作用。尤其是近年来，随着社会需求和教育事业的发展，高校在学生事务管理、学生综合素质提升、学生心理干预、学生创新创业引导

---

① 中国社会科学院语言研究所词典编辑室．现代汉语词典［Z］．7 版．北京：商务印书馆，2016：264，405．
② 教育部．普通高等学校辅导员队伍建设规定［EB/OL］．中国政府网，2017-09-21．

和就业指导等越来越多的领域需要辅导员参与。尽管其外延不断拓宽，政治指导员模式已变，但其政治属性不改。时至今日，辅导员工作已被赋予了新时代特色和意义，已远远超出了人们的认知。辅导员工作不仅是管理还是服务，而且需要上课，且各校情况不一样，根据学校要求，辅导员需要讲授的课程包括就业指导课、职业规划和创业指导课、党课、劳动课、思想品德与修养课、心理健康教育课、法律课、形势政策课、军事理论课等。但辅导员最基本的工作还是掌握学生上课的出勤情况、检查课堂纪律等，而且实际上大部分的日常工作已变成收集各式各类数据，比如，学生基础数据、各级各类获奖情况，为心理问题和经济困难学生建档，还要经常召开线上线下班级会议、党团会议、活动分工布置会。每一位辅导员基本通过面谈、电话、微信和QQ等沟通方式开展工作，时刻与学生保持联系。有的辅导员形容打电话联系的密切程度为"天天打，经常打，需要就打，甚至在下班后和寒暑假也打"。

近年来，学界对辅导员包括素质、角色、专业化、职业化、队伍建设、个案教育等方面的理论研究不断增加，发表论文、著书立说，总结了不少经验和理论。除此之外，各高校还陆续开展辅导员职业能力与素质培训，包括党建工作实务、辅导员队伍建设、课程化建设、新媒体运用、综合素质养成、论文写作、辅导员自我心理调适等方面的指导，有意识地提高辅导员指导大学生创新创业就业、大学生职业生涯发展规划、大学生心理健康教育与心理咨询的工作技巧和工作能力，尤其注重提升辅导员处理大学生突发事件的应急能力、大学生心理危机干预等治理能力。总结近年来反映辅导员工作的内涵与外延的理论研究，发现其工作特色有以下几点。一是工作中以德育为主导仍然是新时代教育的主旋律，尤其在当今面临百年未有之大变局，为应对全球化发展局势，各校辅导员在德育方面确实发挥了实实在在的作用。因此，研究方向和内容逐渐聚焦，根据中国知网的数据，关于思想政治教育、心理与素质、队伍建设、实践和创新、工作机制和制度、线上工作模式和工作角色等方面的研究和讨论与日俱增，可见辅导员坚持政治挂帅，总体上积极上好思想政治教育课程，做好课程外育人工作。二是充分发挥以帮助继而服务为核心的辅助性教育职能，在工作中从发现问题到解决问题全过程地展示了辅导员所应具有的专业化功底。在这个过程中，辅导员懂道理、用道理，把道理用成解题的"公式"。近年来中国国家图书馆的数据显示，学界对辅导员专业化建设的研究成果不断增加，逐渐展开了对辅导员的培养路径和制度保障等探析，开启了辅导员的角色、知识结构、专业素质养成、资格准入、工作评鉴标准、继续教育与职业成长等研究。这些也是辅导员在工作中不同程度地实践着马克思主义中国化时代化的最新研究成果，同时也跨专业汲取了心理学、管理学等一些学科精华的反映。马克思创立了广为人知的历史唯物主义，是共产主义运动的开创者，致力于"人的全面而自由的发展"。他与恩格斯共同创立了科学共产主义理论，为中国革命建设和改革提供了强大的思想武器，与其他学科理论一起为思想政治教育学界的理论研究提供了广阔的思考空间。三是辅导员工作与思想政治课程教育已逐渐有意识地形成合力，以党团和班级建设为抓手，把学以致用作为干事创业之本领，使责任担当作为精气神，将社会主义核心价值观融入情感行为，以努力奋斗致力于民族伟大复兴为内核的思想政治教育正逐渐在大学生教育实践中综合地彰显出社会主义特色和中国智慧。

然而，我们也应清醒地认识到，现实中由于辅导员工作的外延过大，"帮助和指导"的内涵泛化，逐渐呈现出无力感、能量不足的态势。比如，工作范围边界不清、工作对象复杂，有的辅导员总结为"24小时待命、24小时在线、'5+2'、'白加黑'、全天候、全年开放"。除此之外，辅导员的内涵也逐渐发生改变，从辅助性的"教育功能"逐渐转变为全过程"服务功能"，不仅要面对专门管辖的学生，而且校内还要面对领导、其他职能部门的同事以及教研室的老师，校外还要面对学生家长以及涉及各项事务的相关人士。有的辅导员管理的学生层次多，还会涉及多校区、多年级、多民族等问题，对实习学生还要做到多点管理、多点办公等。由于日常工作事无巨细、事事服务，有的辅导员出现"以一应万"的被动局面，学生毕竟是"流水的兵"，对毕业生完成就业追踪后就意味着服务工作基本结束，加上有的辅导员中途转岗，使工作经验传承不了，好的做法也没能及时推广，新入职的辅导员工作思路打不开，形成了"独当一面易，独秀成春难"的局面。在一些高难度的创新创业引导和就业指导工作中，特别是置身于新媒体和前沿的工作模式当中，不同辅导员自身能力素质水平以及跨学科能力参差不齐，从而表现出辅助随意性大，动员学生参与活动的效果不同。在学术交流时主题聚焦困难，反映出其工作局面仍缺乏"科学化—专业化—职业化"，同时也影响了"规范化、制度化"进程。而且，尽管辅导员忙得不可开交，但是教育的人本化管理仍未能达到理想状态，辅导员的辅助作用过于泛化，导致工作零散细碎缺乏专注度，直接影响了专业化程度的跃升。久而久之，辅导员专业化的学术思路进入"瓶颈"，有的学者甚至认为这个岗位只需要"服务好"就行，致使辅导员主导思维弱化，研判事态不够准确，处理问题的程序不精准，打不开创新的局面，也难以在应急事务中沉着应对。辅导员工作确实需要面对学生的各种问题，其有急难愁盼之别，更有先后急缓之分，而问题解决成了辅导员工作的实质，可根据问题解决质量判断其专业化程度，经验不足者对问题判断不准确就会导致问题解决缺乏精准度，辅导员在长期工作中就会缺乏成效感体验，那么，其职业的获得感和幸福感也就随之逐渐消失。

第二节　辅导员的角色定位

近年来关于辅导员角色的研究越来越多，根据教育部 43 号令规定，辅导员是开展大学生思想政治教育的骨干力量，是高等学校学生日常思想政治教育和管理工作的组织者、实施者、指导者，这个角色定位有以下几个特点。

第一，已基本明确辅导员的教育主体角色。在落实立德树人的根本任务中，思想政治教育课程是主渠道，辅导员着力抓实理论学习，拥护"两个确立"，践行"两个维护"，始终围绕"为谁培养人、培养什么人、怎样培养人"这个根本问题来开展育人实践。然而，辅导员不仅是教育措施的实施者，也是组织者和指导者，这意味着辅导员也是教育主体之一，但不是以课程为主而是通过各种方式促使受教育者进行道德建构，启发学生，"帮助"学生从被动状态转化成自发状态最后发展成自觉状态。辅导员经过工作的历练已逐渐达到主动提升政治判断力、政治领悟力和政治执行力的状态，做学生"心怀国之大者"之榜样，将"小我"融入"大我"，不断激发自身的积极性、主动性和创造性从而带动起学生的进步。因此，辅导员能有意识地加强对党的基本理论、基本路线、基本方略的宣传教育，带领学生学好党史、新中国史、改革开放史、社会主义发展史、中华民族发展史，以史育人，激发正能量。当前高校辅导员总体能达到实施以下这些工作：经常组织和指导学生开展理论学习、主题学习以及开展与政治教育相关的社会实践活动，并且在发展党员工作中对发展对象提出具体要求。在社会主义现代化建设中，在民族复兴的伟业中，"为党育人，为国育才"是辅导员作为教育主体所需要明确的工作目标，其工作成效则体现在辅导员的主导作用发挥如何，除了与整所大学的"大思政"建设有关，也与辅导员个人的治学严谨度相关，更与辅导员的思想政治教育主体性表达密切相关。比如，党建工作向来在细节方面的要求较高，然而在文字方面，大学生的语言表达、语法运用和正确用字方面表现得千差万别，因此，辅导员时常在学习指导的过程中，在文字修改方面提供了非常多的个性化指导，使"帮助和指导"的角色从"一对多"模式瞬间变成了"一对一"模式。

第二，辅导员普遍认可"正人先正己的管理者"角色。习近平总书记曾多次强调"打铁还需自身硬"，优秀的辅导员也总是希望"要求学生做到的自己首先做到"。这是良好师德的体现，孔子《论语·子路》中指出："其身正，不令而行，其身不正，虽令不从。""苟正其身矣，于从政乎何有？不能正其身，如正人何？"[1] 辅导员知其道易，行却何其难，提升综合素质和职业能力是辅导员职业发展的关键之举。加强辅导员职业培训，就是加强和改进大学生思想政治教育、维护高校稳定的重要组织保障和长效机制。《中庸》第十四章又说："正己而不求于人则无怨。"[2] 正己修身是辅导员最基本的素质，这一角色发挥的是示范作用，做学生的榜样。辅导员在正己修身的过程中充当亲力亲为的管理者，在此基础上，更能发扬党的民主集中制的传统，这样，团队就能形成民主氛围，其团队成员的积极性、主动性和创造性就会被激发出来，从而达到严肃活泼的理想局面。

第三，乐于充当"亦师亦友"的心理咨询师角色。辅导员从来都是距离学生最近的人，进入新时代，其角色从原来的"救援队员、消

---

① 论语·孟子 [M]. 刘宏章，乔清举，校注. 北京：华夏出版社，2000：99，100.
② 张凤娟. 大学·中庸·礼记 [M]. 呼和浩特：内蒙古人民出版社，2007：10-49.

防员、政治宣传员"逐渐过渡为"贴心人、摆渡人、知心朋友",开展心理健康教育,充分打开"助人自助"模式。助人,在高校当中包括帮助学生学习、工作和生活,还包括帮助学校维持教学秩序,落实各项教育措施,公平施行各项政策,当应急事件出现时辅导员表现出快速反应力、高强耐力和扎实执行力。辅导员帮助学生解决问题实则"授之以渔",把道理讲清楚,把理论与学生分享,让学生学会自行解决问题。在解决各种纠纷和利益冲突时,启发学生提高适应的能力,促使学生努力表达真诚和友善;在处理各种人际矛盾的时候表达求同存异的气量,注意平复各种不良情绪;在学习方面的帮助,并不是手把手地教学生解题,而是帮助学生增强意志力,学会"有所为,有所不为",从而科学合理地分配时间,点拨学生改善学习方法和改变单纯的应试思维,走上自主学习和创新学习之路。

第四,做好团队的"领导"者角色。作为一线教育者、管理者,辅导员对学生的方方面面安排,常常需要发挥"决策"和"指令"的作用。每一个团队角色都有不同的职能,包括领导者、记事员、监督员、执勤员和普通成员,有一份角色就有一份担当,不同的团队就有不同的目标。辅导员参与其中时往往发挥领导者的作用,但也不必事事躬亲。辅导员不参与其中也能引导学生。领导者带领每一位成员发挥团队意识和合作能力,齐心协力完成团队目标,成员在过程中所体验到的不同角色的作用,为将来走向社会带来的是无穷无尽的能量,这种团队教育模式散发着一种能诠释"全生命周期"的人本关怀。同时,辅导员队伍建设也是一种团队成长的模式,尽管不是每一位辅导员在团队当中都能担任领导者角色,但是团队中领导者所发挥的角色作用,对每一位成员都能产生一种榜样的示范作用。

第五,努力做成"百科全书"角色。辅导员处在思想政治教育最前沿，工作逐渐向标准化、专业化、职业化的模式发展，专业化的理念逐渐深入人心，辅导员工作已跃升到学生的"灵魂工程"和"人生导航工程"的高度。辅导员需要加强专业建构，在原有的专门的知识结构基础上增加更多有能量的知识模块，工作标准要不断规范，通过学术交流不断增强工作的可继承性和可持续发展性。在顶层设计指导下，辅导员不仅对整个学生工作有完整的工作思路，还能协调校内各职能部门改进实际工作。每一位辅导员都身经百战，个个都练成了岗位能手。有一些资深辅导员不仅在素质能力大赛中获奖，还创建了辅导员工作室，不仅自己能获"全国最美辅导员"荣誉，而且所带领的学生科研率高，就业率也高。辅导员在心理素质方面不断强大起来，就会克服困难、摆脱心累的感觉，从而达到快乐工作的状态，体验良好的自我效能感和专业成就感，为党和国家的事业做出久久为功的贡献。全国时代楷模、全国道德模范、大连海事大学马克思主义学院教授、大学生辅导员曲建武老师就很好地诠释了这一点。[1]

第三节　新时代高等教育的重大挑战

我国已迈进社会主义现代化建设新征程。党的二十大报告指出："未来五年是全面建设社会主义现代化国家开局起步的关键时期。""到二〇三五年，我国发展的总体目标是：经济实力、科技实力、综合国力大幅跃升，人均国内生产总值迈上新的大台阶，达到中等发达国家水平；实现高水平科技自立自强，进入创新型国家前列；建成现代化经济

---

[1] 曲建武. 当好学生成长成才的引路人 [N]. 人民日报，2023-04-26（5）.

体系，形成新发展格局，基本实现新型工业化、信息化、城镇化、农业现代化；基本实现国家治理体系和治理能力现代化，全过程人民民主制度更加健全，基本建成法治国家、法治政府、法治社会；建成教育强国、科技强国、人才强国、文化强国、体育强国、健康中国，国家文化软实力显著增强；……"① 新时代互联网资源不断开发和普及，时代化和数据化正促使教育改革发生着一系列的重大变化，需要青年学生把发展的"个人梦"与"中国梦"结合起来，以民族伟大复兴为己任，坚定社会主义道路自信、理论自信、制度自信、文化自信，树立正确的世界观、人生观和价值观。

《普通高等学校辅导员队伍建设规定》指出："辅导员工作的要求是：恪守爱国守法、敬业爱生、育人为本、终身学习、为人师表的职业守则；围绕学生、关照学生、服务学生，把握学生成长规律，不断提高学生思想水平、政治觉悟、道德品质、文化素养；引导学生正确认识世界和中国发展大势、正确认识中国特色和国际比较、正确认识时代责任和历史使命、正确认识远大抱负和脚踏实地，成为又红又专、德才兼备、全面发展的中国特色社会主义合格建设者和可靠接班人。"② 辅导员按照国家和高校的要求开展思想政治教育，引导学生认真学习马克思主义中国化时代化理论并指导实践，有策略、创造性强地开展各式各类教育教学活动，促进学生脚踏实地、真学实干和投身创新创业，同时，在情感和行为方面也符合道德审美标准，要努力成为德智体美劳全面发展的、党和国家所期待之才。总之，青年学生在未来建设中将发挥至关

---

① 习近平. 高举中国特色社会主义伟大旗帜 为全面建设社会主义现代化国家而团结奋斗：在中国共产党第二十次全国代表大会上的报告［R/OL］. 中国政府网，2022-10-25.

② 教育部. 普通高等学校辅导员队伍建设规定［EB/OL］. 中国政府网，2017-09-21.

重要的作用，辅导员作为高校教育者将面临以下七大挑战。

一是辅导员坚持以马克思主义中国化时代化理论引导和培育学生坚定共产主义信仰。新时代高校立德树人培根铸魂是一项极为宏大的系统工程，每个辅导员都要形成"一盘棋"思想，且同时做好"排兵布阵"，坚持引导大学生坚定理想信念，明确使命担当，继承一代代共产党人的理想信念，坚守为人民服务的立场，继续为共产主义接力奋斗。辅导员必须经常学习，更新知识储备，这与其思想政治素质、政策理论水平与其业务能力、职业素养和工作绩效等高度相关。而目前的状况是，在教育行业当中，辅导员的话语权并未达到与思政课教师同等的发展水平，仍需要更多的权威性理论研究成果呈现出来，反映出高校辅导员开展思政工作的历史性与传承性。辅导员要成为学生成长成才的人生导师，在立德树人的要求下，培根铸魂，实现高校育人新格局。辅导员在日常工作中应做到政治引领、终身学习、为人师表，关切学生、服务学生，把握教育规律和学生成长规律，注重自身和学生的思想水平、政治觉悟、道德品质和文化素养提升，成为高素质、高觉悟、对党忠诚之才，打造一支战斗力强的辅导员队伍，在一定程度上体现我们教育的道路自信、理论自信、制度自信、文化自信。

二是辅导员坚持以"创新、协调、绿色、开放、共享"的新发展理念引导大学生创新意识培养和创新素质养成。辅导员一方面遵循育人导向原则，突出价值引领，与科研导师一起鼓励学生开展科学研究；另一方面遵循学生成长的基本规律，循序渐进地培养学生锐意创新能力，最终是要激发他们的创新意识和创新自觉。辅导员开展思想政治教育就是落实教育资源的协调整合，全力参与到"课程育人、科研育人、实践育人、文化育人、网络育人、心理育人、管理育人、服务育人、资助育人、组织育人"的体系建设中。教育部思想政治工作司 2023 年工作要点①要求深入总结"一站式"学生社区管理模式成果和经验，打造新时代高校版"枫桥经验"，高校辅导员全力以赴创造新时代"线上、线下"一体化育人模式，这种模式改变原有理念，可以把原来封闭的教育资源开放和共享出去，使学生管理治理更有温度。而在学生管理中注入绿色生态理念更是全新课题和发展趋势，引导学生有意识地参与创新创业。

三是辅导员始终以素质教育为目的引导大学生开展有策略的职业规划。长期以来，我国一直致力于大力推动发展素质教育，注重对学生爱国情怀、创新精神和健康人格的培养。在面对各种接踵而来的发展挑战时，辅导员既要教育学生知己知彼方能百战百胜，更要教会学生出奇制胜，参与创新创业；既要鼓励学生兴高采烈地迎接成功，也要提醒学生准备好面对失败，对喜悦和失落进行情绪干预和管理。学生尽管都经过高考的洗礼，但仍处于成长期，还需要加强学习，培养批判思维，进而形成系统思维。无论成功与否，均应进行辩证的合理归因。合理归因有助于端正侥幸和投机心态，更好地认识自我，强大内心素质，调整好心态重新出发。此外，还要督促学生形成良好的创新习惯，把宝贵的创新意识融入自觉的行动中。

四是辅导员需形成"大格局"的探索精神，促进大学生德智体美劳全面发展。根据美国心理学家舒伯的职业生涯理论，大学阶段处于人生的探索阶段，站得高才能望得远，"大格局"就是树立起崇高理想，大格局思路的形成将促进大学生结合国家需求对自身发展进行思考和选择。树立正确的政治态度有助于促进大格局思路的正确形成，而社会主

---

① 教育部思想政治工作司 2023 年工作要点 [EB/OL]. 中华人民共和国教育部政府门户网站，2023-02-21.

义核心价值观就是正确的政治态度，"富强、民主、文明、和谐，自由、平等、公正、法治，爱国、敬业、诚信、友善"的 24 字方针时刻鞭策大学生努力做到德智体美劳全面发展。有了明确的发展方向，还需培养严谨的治学态度，把高智商发展成策略，把策略用于创新。有了高智商，更需要有高情商，而高尚的品德、坚强的意志才能促进高情商的培养。最终，所有的德智体美都要落足于"劳"的行动表现。随着生产力的不断发展，劳动的方式已不仅限于体力劳动和脑力劳动，还包括情绪劳动、文化艺术劳动等，除了生产劳动，还增加了家庭劳动和服务劳动，其中服务劳动包括有偿服务劳动和志愿服务劳动等。我国进入新时代后，在全面建成小康社会的基础上，正朝着全面建设社会主义现代化国家的目标进发，马克思主义要实现的是人的自由而全面的发展，因此，辅导员既要引导学生自由平等的个性形成，又要引导其向着符合社会主义现代化需求进行全面发展。

五是辅导员要把握好以大学阶段作为工作定位开展大学生自我建构教育。根据新精神分析家埃里克·埃里克森在精神分析开拓者弗洛伊德的学说基础上总结出的人生八阶段理论，其中大学阶段处于人生的成年早期，主要发展亲密的情感联系，包括亲情、友情和爱情，从中获得"亲密感"。如果这种"亲密感"发展失败，就要面临孤独。而这一阶段的发展直接影响下一阶段"成年中期"的发展。同时，无论是孩子出生还是事业有成，都能令人体会到充满关怀的"繁殖感"，这两种体验感将指向最后成年晚期阶段的"完善感"。可见，大学阶段影响着后续的成长，牵动着人生方方面面的选择，无论是事业还是情感，辅导员都需要提醒学生不能随意放弃，也不能坐等问题出现后才去补救，这样会捉襟见肘、手忙脚乱。如果事前做好计划，就不会被动面对人生的喜怒哀乐。也就是说只有尽早规划，才可能通向自己的"自由王国"。有自由的感觉，才能自行决定是否参加创新创业项目、是否参加考研、考研失利后是否及时就业……目前出现"慢就业"现象，也在一定程度上反映了人才培养与某些社会需求脱节。辅导员应及时与学生探讨未来选择，提前使学生做好职业生涯规划，其职业发展才不会被动。

六是辅导员以问题为导向，以高质量发展为工作目的来解决学生各种新情况新问题。1848 年，马克思发表了《共产党宣言》，欧洲的资产阶级民主革命却失败了，之后马克思总结"问题就是时代的口号"。毛泽东主席也曾经指出，"问题就是事物的矛盾"。习近平总书记在党的二十大报告中强调："我们要增强问题意识，聚焦实践遇到的新问题、改革发展稳定存在的深层次问题、人民群众急难愁盼问题、国际变局中的重大问题、党的建设面临的突出问题，不断提出真正解决问题的新理念新思路新办法。"[①] 辅导员日常不仅要关照学生的个性、兴趣和爱好等，更要注意紧跟时代的发展了解学生的急难愁盼问题，根据社会发展的实际需求调整教育措施。时下学生问题广受社会思潮影响，"佛系""躺平"时隐时现、毅力不足、人际淡漠、法律意识淡薄和安全意识缺位，对辅导员工作专业化提出了更高的要求。指导实际工作的理论不仅需要中国化时代化马克思主义，还需要哲学、教育学、管理学、心理学、社会学、法律学、伦理学、医学、统计学、流行病学等专业知识，还涉及中华优秀传统文化，包括音乐、舞蹈、摄影、武术等。即使同一所高校，辅导员也通常有着不同的教育背景，在实施同质化教育与管理时，各单位常常结合自身工作需要来要求每一位辅导员。辅导员可通过培训和自学，尽可能掌握更多的理论知识，从而使工作更有成效。辅导

---

① 习近平．高举中国特色社会主义伟大旗帜 为全面建设社会主义现代化国家而团结奋斗：在中国共产党第二十次全国代表大会上的报告 ［EB/OL］．"学习强国"学习平台，2022-10-25.

员开展思想政治教育工作以问题导向作为工作方法、以高水平问题解决作为工作效能的判断方法，不仅是明智之举，还体现出辅导员工作专业化发展之势。

七是辅导员以只争朝夕、分秒必争之态势与高科技、高速度的网络发展赛跑。辅导员要关注网络资源的使用给学生带来的积极作用和副作用，一方面鼓励大学生积极利用云空间、大数据、社区平台、自媒体等网络资源开展与自身专业发展相密切的科学研究，另一方面也要提醒大学生主动应对处于网络世界所遇到的各种情况。通常，线上资源是对线下教育教学活动的有益补充，可以使工作思路得到优化，工作效率得到提高。比如，党团建设和社团建设，其理论学习和实践活动均可利用线上各种平台，网络思想政治教育不断发展，吸引力和感染力不断提高，学生的主体性进一步增强。但是，随之而来的网络生态问题像自然生态一样需要科学的引导和可持续性把控，大学生的网络消费习惯也需要干预并加以引导。一方面，看似无限大的网络空间其实也需要不断升级优化才能继续发挥其新颖性和吸引力；另一方面，部分学生沉迷于游戏或小说等，其他知识性的网络资源使用率低。网络就是生产力，用好了可以促进事物良性发展，然而，人们使用网络所产生的大数据被不法分子所用，人们的各种信息被系统化整合后泄露，被加以恶性运用，造成财产损失，还有舆论网暴、历史虚无主义言论等，使网络资源不知不觉成为犯罪的"帮手"，进而产生了一系列的网络安全教育需要。辅导员的职业触觉或可直接感知一些学生问题，但是仍有大部分的学生问题需要通过各种形式的观察或调查了解，通过蛛丝马迹的信号敏锐推测，以便尽可能地为学生提供有效的教育。一系列网络育人系统有待开发，包括信仰教育、创新教育、诚信教育、策略教育等。还有网络引发的焦虑、抑郁等心理问题，网络交流带来的人际问题，网络社区建设和大数据分析衍生的信息泄露问题以及 AI 不速而至，等等，若有条件应上电子科技大学开发的"大学生网络文化研究评价中心"——一个具有大学生思想政治教育功能并且能够进行校园文化建设以及具备各种信息监管功能的网络平台学习。可见，辅导员网络引导能力、媒介意识和媒介素养的提升均已提上议程。

第二章

新时代任务

党的十八大以来，习近平总书记在不同场合多次强调"教育兴则国家兴，教育强则国家强"。"从历史上看，英国、法国、德国、俄国（苏联）、日本、美国等强国崛起之路，都与发达的教育体系有密切关系，与拥有一批顶尖世界大学有直接关系，充分印证了教育兴则民智启、素质高，教育强则人才出、科技强的发展规律。"① 可见，发展教育依然是新时代任务之一，为中华民族伟大复兴培养时代新人吹响了向教育强国进发的集结号。

2004 年，《中共中央 国务院关于进一步加强和改进大学生思想政治教育的意见》（中发 16 号文）指出了大学生思想政治教育存在不少薄弱环节，号召全社会关心支持大学生，使思想政治教育形成合力，指出辅导员按照各校党委有针对性地开展思政教育活动有四方面要求：一是强调坚持解决思想问题与解决实际问题相结合，既讲道理又办实事，既以理服人又以情感人，增强实际效果。二是坚持教育与管理相结合，把思想政治教育融入学校管理之中，建立长效工作机制，使自律与他律、激励与约束有机地结合起来。三是有效地引导大学生的思想与行

---

① 曾天山．教育兴则国家兴，教育强则国家强［N］．中国教育报，2018-05-10（6）．

为，以理想信念教育为核心，深入进行世界观、人生观、价值观教育；以爱国主义为重点，深入进行弘扬和培育民族精神教育；以基本道德规范为基础，深入进行公民道德教育；以大学生全面发展为目标，深入进行素质教育。四是坚持继承优良传统与改进创新相结合；探索新途径、新办法，努力体现时代性、规律性、创造性、实效性。

2006 年教育部发布 24 号令《普通高等学校辅导员队伍建设规定》，将辅导员工作的要求概括为：一是辅导员队伍建设是教师队伍和管理队伍建设的重要内容，坚持立德树人加强辅导员队伍专业化职业化建设。二是辅导员是开展大学生思想政治教育的骨干力量，是高校学生日常思想政治教育和管理工作的组织者、实施者和指导者，应当努力成为学生成长成才的人生导师和健康生活的知心朋友。三是辅导员要做好思想理论教育和价值引领，具有从事思想政治工作相关学科的宽口径知识储备，提高工作技能和专业水平。四是要求辅导员做好学生日常思想政治教育以及服务教育人的工作，加强学生党团和班级建设，定期开展相关工作调查研究，掌握学生工作的规律及其热点、难点，做好困难学生帮扶工作，开展学风建设、心理健康教育、校园危机应对、就业指导和服务等工作。五是注重运用各种新媒体新技术，构筑网络思想政治教育重要阵地以增强工作的吸引力和感染力。经过多年努力，辅导员工作已出现了良好的发展势头，正朝着新时代进发。

第一节　新时代新征程

百年大计，教育为本，在新时代所面临的各种重大挑战下，"教育、科技、人才是全面建设社会主义现代化国家的基础性、战略性支撑"①。党的二十大报告指出"完善思想政治工作体系",习近平总书记在学校思想政治理论课教师座谈会上指出,"加快推进教育现代化、建设教育强国""推动思想政治工作贯通人才培养体系,发挥融入式、嵌入式、渗入式的立德树人协同效应"②。在全面建成小康社会的基础上,党带领全国人民迈进建设富强民主文明和谐美丽的社会主义现代化国家新征程,以最终实现中华民族伟大复兴为目标,这就要求全面提高人才培养质量,加强改进思想政治工作,其成功与否将关系党和国家的前途命运。迈入新征程,朝着第二个百年奋斗目标进军,这意味着我们不仅从"一穷二白"到了"站起来",还要从"富起来"最终到"强起来",这必定要经历一个又一个困难,要解决各领域存在的"不平衡不充分"的矛盾。他还倡导学史育人,指出"把学习党史同总结经验、观照现实、推动工作结合起来,同解决实际问题结合起来"③。他还在2021年5月9日给《文哲史》编辑部回信时指出:"增强做中国人的骨气和底气,让世界更好认识中国、了解中国,需要深入理解中华文明,从历史和现实、理论和实际相结合的角度深入阐释如何更好坚持中国道路、弘扬中国精神、凝聚中国力量。"④

总之,在新时代,辅导员开展思想政治教育工作,就要在纷繁复杂的事务中找准定位,精准执行政策,讲好马克思主义中国化时代化理

---

① 习近平.高举中国特色社会主义伟大旗帜 为全面建设社会主义现代化国家而团结奋斗:在中国共产党第二十次全国代表大会上的报告 [R/OL].中国政府网,2022-10-25.

② 习近平.在学校思想政治理论课教师座谈会上讲话 [EB/OL]."学习强国"学习平台,2019-03-18.

③ 习近平在党史学习教育动员大会上强调:学党史悟思想办实事开新局 以优异成绩迎接党一百周年 [EB/OL].新华网,2021-02-20.

④ 习近平给《文史哲》编辑部全体编辑人员回信 [EB/OL].新华网,2021-05-10.

论，做坚实的马克思主义实践者，"为党育人，为国育才"，与新时代同行并进，自觉担当，号召青年学生把自身成长的"个人梦"与"中国梦"结合起来，不断增强道路自信、理论自信、制度自信、文化自信；继续做好社会实践指导、党团建设、班级建设、社团建设、心理健康教育，做好学生健康成长的指导者。

第二节　立德树人重任

立德树人是教育的根本任务，是高校的立身之本。习近平总书记强调，"把立德树人作为中心环节，把思想政治工作贯穿教育教学全过程，实现全程育人、全方位育人，努力开创我国高等教育事业发展新局面"①，还强调，"把立德树人融入思想道德教育、文化知识教育、社会实践教育各环节，贯穿基础教育、职业教育、高等教育各领域"②。高校具有人才培养、科学研究、社会服务和文化传承创新四大功能，其中培养人才，就是树人，而"树人"的前提是确保教育者自身"立德"。品德，是一个人按一定社会的思想政治准则和法纪道德规范而表现出稳定特征的行为和倾向性态度。立德，就是教育者首先从自身层面确立好教育所需要的思想和品行，积累树人的知识，然后为培养人才的品德开展一系列教育教学活动。新时代，高校辅导员要成为社会主义核心价值观的坚定信仰者、积极传播者和模范践行者。同时，在此基础上明确底

---

① 习近平. 在全国高校思想政治工作会议上讲话［EB/OL］."学习强国"学习平台，2016-12-08.

② 习近平在全国教育大会上强调：坚持中国特色社会主义教育发展道路　培养德智体美劳全面发展的社会主义建设者和接班人［N］. 人民日报，2018-09-11（1）.

线，加强育人者治理。2019 年 12 月教育部等七部门印发《关于加强和改进新时代师德师风建设的意见》，提出了"坚持正确方向、坚持尊重规律、坚持聚焦重点、坚持继承创新"四原则，拟在"十四五"期间"基本建立起完备的师德师风建设制度体系"①。这就规定了立德须在依法依规的前提下进行，应治理违反师德的突出问题，使立德教育符合教育规律并适应社会发展需求。在中国共产党成立 100 周年之际，中共中央、国务院印发了《关于新时代加强和改进思想政治工作的意见》，强调"把思想政治工作作为治党治国的重要方式、深入开展思想政治教育、提升基层思想政治工作质量和水平、推动新时代思想政治工作守正创新发展、构建共同推进思想政治工作的大格局"②。辅导员贯彻执行思想政治工作应打开新格局，做好大学生理想信念教育，注重发挥礼仪制度的教化作用，使道德实践活动多元化，提升学生主体意识，培育积极上进的校园文化，以文化育人。

立德树人必须坚持以德育为先。在《论语·为政第二》中，子曰："为政以德，譬如北辰，居其所而众星共之。""道之以德，齐之以礼，有耻且格。"孔子强调了道德教化对社会管理和统治的重要性。新时代高校立德树人就是要形成以"富强、民主、文明、和谐，自由、平等、公正、法治，爱国、敬业、诚信、友善"的社会主义核心价值观为核心的道德理念，树立"创新、协调、绿色、开放、共享"的新发展理念，"实现高水平科技自立自强"，深化教育领域供给侧结构性改革，打造高质量高等教育体系，建立健全教育评价机制，改变应试教育指挥

---

① 教育部等七部门印发《关于加强和改进新时代师德师风建设的意见》的通知［EB/OL］. 中国政府网，2019-12-16.
② 中共中央 国务院印发《关于新时代加强和改进思想政治工作的意见》［EB/OL］. 中国政府网，2021-07-12.

棒效应，大力推动发展素质教育，注重学生爱国情怀、以人民为中心、敬畏生命以及维护自身健康人格等精神层面的培养，全面推进依法治国，构建中国特色世界水平的教育及其评价体系，加快以"双一流"建设引领的高等教育内涵式发展，全面建设社会主义现代化教育强国。可见，新时代立德树人对思想政治教育提出了更高的要求，辅导员就要依法依规，落实一系列教育举措，首要的就是切实提升学生政治觉悟、道德品质、法律思维和文化素养，培养其爱国情怀，立足于为民族复兴伟业培养和发展具有与社会需求相适应的职业素质和职业能力的人才。

老子《道德经·五十一章》，"道生之，德蓄之，物形之，势成之，是以万物莫不尊道而贵德"。意思是，道是规律，德是约束，万物发展均讲究规律和约束，顺应自然规律的约束力，才能最有力地促进事物发展并最终水到渠成。就目前而言，思想政治教育的基本趋势和走向，一是更多地进行关乎国家和社会发展的核心价值体系、方向前途、基本道路、大政方针方面的教育。二是以做一名合格的公民为底线，以信仰教育为基本立足点，发挥政治教育的主导作用，实现科学发展，引领整个思想政治教育过程。辅导员培养学生以德为先就是首先明确教育方向感，实质性地争夺新时代社会主导的道德文化主动权，发挥其主观能动性，把社会主义核心价值观融入大学生的情感认同和行为习惯，促使其成为道德构建活动的主体，从自发状态转变为自主状态，最终达到自觉状态，把尽责担当作为德育的最高培养目标。

总之，辅导员肩负高校立德树人的实践任务，就是在国家法律法规和高校的一系列规定下，开展"品德教育+能动性教育"，使大学生遵纪守法，符合党和国家以及社会需求，为培养大学生形成正确的、自觉的、稳定的、担当的认知和行为开展一系列教育教学活动。

第三节　意识形态主导

辅导员作为意识形态主导的执行者，需要灌输和传播正确的指导思想以及抵制包括历史虚无主义在内的错误思潮，在执行学校各项规章制度与指导学生时应符合规律性和合目的性，时刻紧随形势的发展步伐，及时处理好各式各类问题。辅导员开展思想政治教育工作，有长期以来所形成的原则。一是坚定性，用新时代党的创新理论指导实践，时刻关注政治环境，坚持意识形态主导，牢牢把握其政治坚定性及其前沿引领性。习近平总书记在党的二十大报告中指出："我们确立和坚持马克思主义在意识形态领域指导地位的根本制度，新时代党的创新理论深入人心，社会主义核心价值观广泛传播，中华优秀传统文化得到创造性转化、创新性发展，文化事业日益繁荣，网络生态持续向好，意识形态领域形势发生全局性、根本性转变。"① 二是批判性，就是要符合社会主义核心价值观的要求。在日常工作中，辅导员要时刻关注在海量的信息中可能存在误导性质的垃圾信息或错误信息，迅速纠正这些信息可能对大学生世界观、人生观、价值观造成的误导，或可能存在的偏颇影响，及时与学生讨论或及时提醒，有必要从发展党员工作抓起，应广泛开展批评与自我批评。三是精准性，就是分层分类指导，应细致做好各种日常生活信息和基本资料的收集工作，反复核对、查漏补缺，同时敏锐地捕捉可引起学生思想和心理变化的蛛丝马迹，有必要及时开展心理疏

---

① 习近平．高举中国特色社会主义伟大旗帜　为全面建设社会主义现代化国家而团结奋斗：在中国共产党第二十次全国代表大会上的报告［EB/OL］."学习强国"学习平台，2022-10-25.

导、避免消极情绪、关注网络舆情，使意识形态主导作用贯通"线上线下"，掌握情况并及时向上级领导和学校其他职能部门反馈，共同营造风清气正的意识形态环境。

辅导员要守好意识形态阵地。意识形态的教育立场从来就不可能中立，教育者要坚守教育的立场。以经济建设为中心，坚持四项基本原则。应引导大学生警惕历史虚无主义并与之战斗，培养大学生的爱国情怀与追求共产主义远大理想的情感和行为认同，这是养成良好的情感认同与行为习惯的前提。还要在社会主义现代化建设实践中提升总体国家安全观，增强"政治意识、大局意识、核心意识、看齐意识"，坚定以马克思主义立场观点来分析各种热点、难点问题，提升政治敏锐性，为主流意识形态服务，以解决实际问题为工作导向，积极宣传党的正确主张。既要做好与政治工作高相关的显性教育，又要做好发挥潜移默化作用的隐性教育，从"时—地—人"三个维度有组织、有规划、有进度地开展民族复兴育人工程，有策略地引导学生"扣好人生第一粒扣子"，把"个人梦"融入"中国梦"的发展中，做有责任有担当的社会主义建设者和接班人。

辅导员要把握好意识形态话语权。辅导员作为高校学生的管理者，围绕党和国家总体需求，以及在学校总体工作部署下，与上级保持顺畅沟通，按既定工作程序对各式各类问题做好研判，指导学生听党话、跟党走。辅导员要把握好日常情况，主动地充分地了解特发情况和突发事件的整体情况以及其线上线下的舆情，必要时实施有力的针对性措施，促进事态形成严肃、有序、不慌乱的局面。

辅导员要做好意识形态的预警员。可预知才能预警，掌握规律才能预知。山不在高，有仙则灵。大学有大师，大师是可以引领灵魂的"工程师"，辅导员作为高校学生的教育者，更要努力成为"灵魂工程师"。但目前看来辅导员发挥的教育主体作用是不够的，无论是学校领导、同行老师还是辅导员自身，可能都认为辅导员做好"帮助式"的服务工作已足够了，对其难以有再高的要求。其实，有预警的帮助会显得更贴心，通过缜密的观察和巧妙的调查，走在前的预警能为学生带来更多有效的帮助。这样的"帮助"也是辅导员意识形态教育专业化的体现，包含了从经验上升为理论的技术含量，更有经年沉淀而来的文化底蕴。西方法兰克福学派 20 世纪 60 年代曾提出各种意识形态概念和理论，其中就包括关于科学技术双重功能的理论，即"科学技术既是第一生产力，又是意识形态"。科学技术蕴含着专业性、合理性和可操作性，如果辅导员把掌握大学生群体意识和校园文化形成作为一门"科学技术"，那么就能更好地、更科学地引导大学生坚持正确的意识形态，更能促进校园文化的健康发展，从而使辅导员开展意识形态引导这项工作更体现为"灵魂塑造工程"。

第四节　导向更重关怀

　　辅导员工作应坚持民主集中制，围绕问题导向原则，发挥目标导向、价值导向、生活导向、安全导向、人生导向等多项引导功能，这一方面意味着辅导员工作具有指示性的强制性意义，而另一方面则意味着辅导员要发挥服务职能。若要体现具有独特个性化的人文关怀，须扮演好以下几种角色。

　　辅导员仍然是传统意义上的"消防员"角色，解决问题并确保安全，对党忠诚，明确以问题导向为核心，发挥以人为本的精神，给予学生足够的关照和积极的心理援助。要培养和发展学生的自觉意识，终究要有解决问题的策略，以理服人。在处理危机事件时，应给予学生足够的人文关怀，及时疏导其消极情绪，更应想方设法解除其可能形成的心理阴影。办事务求公平和效率平衡，要时刻做好各种情况的正反两方面研判。辅导员工作常态化促进教育措施的落实，坚持对学生纠正偏差谬误，及早干预并疏导学生在各个教育教学环节产生的消极情绪；营造民主氛围，坚持落实自上而下的治理措施，结合自下而上地细致汇集学生意愿，及时修正具体执行细则；在处理学生各种情绪问题时，"精准把脉，诊断治疗"，准确识别和排除因精神疾病或身体疾病所造成的思想问题，以"疏导+人本关怀"的帮扶方式，培养学生自行克服学习和工作上困难的能力。同时，还要精准向上汇报并获得有力支持。辅导员在各类帮扶工作中也应加强开展法治教育、诚信教育和珍爱生命教育。

辅导员应当是理论的实践"能手"，发挥目标导向、价值导向等引导功能，帮助大学生形成理性思维，坚决与各种唯心主义做斗争，做坚定的马克思主义者。马克思主义所指明的理想，就是要实现共产主义，就是要实现每个人自由而全面的发展，而坚定的马克思主义者就是要形成辩证唯物主义思维——一种既理性又科学的思维。辅导员要经常性地与大学生交谈，在关注、关怀中讨论健康生活常识，客观认识世界发展的规律性；将法律知识用于学生安全教育；把管理学、统计学等知识用于资料收集等事务管理中；把心理咨询、心理疏导等工作方式引入思想政治教育的谈心谈话中；增强日常观察能力，培养用于调查研究的问卷设计能力，尝试使用前沿软件工具进行数据分析。世界具有万物互联的特点，人的格局越大，则越有能力用心去包容万物。打开思政教育格局，就是既要发挥好思想政治教育理论，又能科学地借鉴跨学科理论，运用好马克思主义原理，参考教育学、哲学、社会学等知识，对学生工作进行积极构建，形成问题解决的"发生—发展—转归"闭合路径与开发旁路相结合，既可攻又可守，让管理突出科学性、先进性。

辅导员还应成为学生的"知音"，扮演好"亦师亦友"角色，发挥人生导航功能。比如，及时为刚入校的新生排解不适应情绪，充分利用现有条件或开辟有利条件为处于成长期的二、三年级大学生提供各种可利用的锻炼平台，对即将毕业的学生做好就业指导和服务工作。把学生当成朋友，以潜移默化的非课堂形式开展党团活动、学风建设、文化建设、法律教育和安全教育。只有做到懂学生、爱学生，才能深入学生群体，走入学生生活，熟悉学生行为习惯和话语风格，揣摩和观察学生心理动态，适当换位思考，了解学生的急难愁盼，同理共情，把情感融入教育当中。

在当下，辅导员还须成为校园反诈"天使"，发挥安全管理功能。要树立总体国家安全观，安全无小事，要年年提、月月讲、日日抓。辅导员除了指导学生注意遵守国家安全规定，还要注意工作安全和住宿安全，正确使用水、电、火，出门注意交通安全，日常留意财物安全以及上网注意网络安全，此外还应协助公安部门提醒学生警惕网络资源被不法分子利用，更不能卷入其中成为不法之徒。近年来网络诈骗高发，包括网络贷款、网络刷单、杀猪盘、冒充客服退款、假冒熟人、冒充公检法、虚假购物、注销校园贷、买卖游戏币、AI诈骗等诈骗类型。"国家反诈中心"入驻人民日报客户端等新媒体平台，又与"工信部反诈中心"联合，开发反诈软件和网络平台，通过公安机关做出反诈预警，权威且及时地劝阻群众受骗，打击治理了一批电信网络违法犯罪，挽回了巨额经济损失，在维护国家安全和公民个人安全方面均做出了重大贡献。辅导员一方面应积极协助公安部门开展反诈工作，另一方面可受其启发，运用网络资源努力提升辅导员开展思想政治教育工作的前沿科技能力。

　　总之，辅导员发挥意识形态主导作用涉及学生的方方面面，注意避免国外、境外所谓"普世价值"的渗透和攻击。这些发源于西方的哲学旨在征服世界、破坏他国意识形态，事实证明，这不适用于当代中国，更不利于中华民族伟大复兴。我国意识形态主导应注意传承中华优秀传统文化，遵守民族政策，尊重少数民族风俗习惯和少数民族宗教信仰自由，坚持中国共产党领导的多党合作与政治协商制度，促进各民族共同团结奋斗、共同繁荣发展。

第三章

工作范畴

　　辅导员岗位在我国各大高校、高职院校乃至世界范围内的教育机构中均有设置，虽然此岗位在不同学校有着不同的具体要求和用工形式，但实际上，辅导员工作的范围已覆盖了高校学生教育、学生管理、学生服务和学生科研甚至更多的具体领域。随着新时代的发展，辅导员工作将发挥对大学生越来越强的专业性帮助和指导，其发挥功能的方式也越来越讲究，比以往任何时候都有更高、更精确的要求。辅导员工作属于教育教学工作、管理工作和服务工作的综合体，却有着自身的本质特点：离学生最近，在与高校教育教学普遍联系的基础上，最能够获取从个体到群体的立体数据，研究和掌握更具体的学生规律。当前高校管理对辅导员的需求大，辅导员从业人员流动性也大。因此，教育部门需要对此项工作进行更进一步的梳理和总体规划，划定必要的工作界限。辅导员工作只有在一定范围内分阶段地具体实践，才能最终推进工作的合理化、规范化和标准化，开启高质量学术研究模式，才能确保工作经验传承的恒常性、科学性和可持续性。

第一节　从辅导员角度看思想政治教育工作

在国外，教育机构中尽管没有"思想政治教育"一说，却也设有与辅导员岗位相类似的工作人员——学校咨询员（school counselor），为大学生成长成才开展"心理辅导、职业辅导和社会化辅导工作"①，主要承担学生事务管理，秉持"大学生成长发展"理论，贯彻"以学生为本，以服务促发展"的理念，在道德教育中以价值澄清理论（theory of values clarification）或道德推理（moral reasoning）作为工作哲学。比如，美国于 1952 年成立美国学校辅导员协会（American School Counselor Association，简称 ASCA，也译为"美国学校顾问协会"），负责辅导员受聘前的培养、认证和管理。

学校辅导员从传统意义上来讲是关心学校特殊的事情和特殊学生的角色，他帮助准备学生的学习计划，与家长交谈，帮助改变教室的学习氛围。研究表明，让辅导员干的事情再多一些，能够改善学生的收获和行为。"学校的辅导员系统现在是基于数据的，这是一个最大的调整。"美国学校辅导员协会（ASCA）的项目主持人库克说，"我们曾经被认为是在学校的思潮中起着重要作用的人，其实大家对辅导员的作用认识还比较浮浅。"②

---

① 张端鸿. 中美高校辅导员制度比较［EB/OL］. 福建师范大学官网，2014-05-15.
② 留美教师的教育及健康译介. 美国学校强调辅导员作用［EB/OL］. 网易，2023-06-20.

世界上越来越多的学校发现"辅导员"在人才培养中可以发挥重要而关键的作用。在我国高校，辅导员和思想政治教育课程教师的理论同源，工作目标一致，皆在马克思主义中国化时代化理论的指导下发挥教育管理服务的作用，坚守理想信念和党性原则，坚持以学生为中心，为国为党开展育人育才工作。两者工作方式相辅相成，工作内容相互促进，构成学生思想政治教育不可或缺的重要组成部分。习近平总书记强调，"要坚持把立德树人作为中心环节，把思想政治工作贯穿教育教学全过程，实现全程育人、全方位育人，努力开创我国高等教育事业发展新局面"①。在中国共产党成立 100 周年之际，中共中央、国务院印发了《关于新时代加强和改进思想政治工作的意见》，强调"把思想政治工作作为治党治国的重要方式、深入开展思想政治教育、提升基层思想政治工作质量和水平、推动新时代思想政治工作守正创新发展、构建共同推进思想政治工作的大格局"②。教育部思想政治工作司 2023 年工作要点指出，"形成立体化网络思政平台矩阵""探索建立高校'思政指数'。坚持边建边用边完善，提高相关数字化平台建设、运行、服务质量""依托高校辅导员队伍能力提升大数据赋能平台""完善高校辅导员能力提升课程体系""强化政策保障""继续开展'最美高校辅导员'推选展示，实施高校思想政治工作中青年骨干队伍建设项目"③。可见，国家正探索构建符合辅导员队伍特点的职业发展体系和制度。

辅导员开展思想政治教育应具有过硬的本领，将思想道德理论转化

① 习近平在全国高校思想政治工作会议上强调：把思想政治工作贯穿教育教学全过程 开创我国高等教育事业发展新局面［N］. 人民日报，2016-12-09（1）.
② 中共中央 国务院印发《关于新时代加强和改进思想政治工作的意见》［EB/OL］. 中国政府网，2021-07-12.
③ 教育部思想政治工作司 2023 年工作要点［EB/OL］. 中华人民共和国教育部政府门户网站，2023-02-21.

为育人实际行动，勇担塑造灵魂、塑造生命、塑造新人的时代重任，加强师德师风建设，自觉将办学理念内化为自身的教育观和服务观，自觉推进思政工作理论研究和实践创新，主动承担起多学科交叉的构建式研究，切实负起教书育人的责任。在日常工作中要深挖思政元素，找准育人切入点，通过引导学生思考"我是谁？我从哪里来，要到哪里去？"等哲学问题，力求对学生产生潜移默化的正确的影响。

习近平总书记指出："不忘初心、牢记使命，说到底是要解决党内存在的违背初心和使命的各种问题，关键是要有正视问题的自觉和刀刃向内的勇气。无论什么时候，问题总是客观存在的，我们要以'君子检身，常若有过'的态度来检视发现自身不足，做到知耻而后勇。要坚持问题导向，真刀真枪解决问题。讳疾忌医、有病不治，本来可以医好的病症就会拖成不治之症。"①

随着新时代发展，各种大学生问题接踵而至，实质上折射出社会的热点、难点问题，需要辅导员具备过硬的政治素质去应对。辅导员开展工作首先应体现政治性，比如，党建工作就是在工作中宣传党的理论和正确主张，培养发展对象、优秀学生干部，带动整体学生进步。党建教育所体现的就是强大的政治性、意识形态性和价值导向性，为人民谋幸福、为民族谋复兴，是"人生导航工程"，是显性的政治教育。又比如，帮助大学生解决实际问题实质上也是帮助学生树立起正确的世界观、人生观和价值观的过程，明确德智体美劳全面发展，帮助学生"扣好人生第一粒扣子"，练就本领，做一个对社会有担当、有作为的人，是"灵魂塑造工程"，是隐形的政治教育。这两种不同的工作形式具有互补性。

---

① 习近平. 论党的自我革命［M］. 北京：党建读物出版社，2023：275.

总之，辅导员开展思想政治教育工作是以政治挂帅，为新时代党的建设新的伟大工程赋能。《中共中央关于坚持和完善中国特色社会主义制度推进国家治理体系和治理能力现代化若干重大问题的决定》提出了"共建共治共享"的社会治理制度的治理方案，该方案是以"党建"为核心，以"多元共治"为主体，以"自治、法治、德治"三治结合为基本治理方式，以数字治理为支撑，以人文治理为基础的基层社会治理体系。[①] 辅导员具体应为学生提供各种学习平台宣传和展现我党的指导思想和方针政策，学习党史、新中国史、改革开放史和社会主义发展史，学习英雄的革命精神，发挥文化育人作用，引导学习不同时期的英雄模范、时代楷模和道德模范事迹，把榜样力量转化为实践动力；挖掘和培育党性强、执行力强、学习能力强、同学们满意度高的"三强一高"学生骨干，抓典型、树立学生榜样。

第二节　与价值中立的心理咨询交叉重叠

由于当代大学生接受资讯的途径多样，学习知识的能力比以往大大增强，继而引发的心理问题和思想问题也急速增加。大学生心理健康教育已成为常态化工作，辅导员在突发事件应急处理中预防大学生心理危机的技术也逐渐普及。教育部于 2014 年印发了《高等学校辅导员职业能力标准（暂行）》，提出辅导员的三个等级导向型标准，其中，要求中高级辅导员需具备心理咨询资格，能够有效开展心理疏导工作、帮助

---

① 中共中央关于坚持和完善中国特色社会主义制度推进国家治理体系和治理能力现代化若干重大问题的决定（2019 年 10 月 31 日中国共产党第十九届中央委员会第四次全体会议通过）［EB/OL］. 新华网，2019-11-05.

学生调节情绪、识别大学生心理危机的症状并且进行初步干预。

2001 年国家劳动和社会保障部颁布《国家职业标准心理咨询师（试行）》以来，我国开启了心理咨询师的职业化工作，对心理咨询师职业的定义是："运用心理学以及相关知识，遵循心理学原则，通过心理咨询的技术与方法，帮助求助者解除心理问题的专业人员。"心理咨询属于心理治疗范畴，是"应用心理学"的一个重要领域，是辅助有心理问题的求助者解决心理问题、维护心理健康的一种方法和手段。但心理咨询不是药物，见效较慢，但是持续性较强。心理咨询坚持唯物主义观点，采用价值中立的态度，经常使用"共情"的操作。辅导员运用这一操作为有心理问题的学生提供心理咨询确实能及时发现一些不良现象并加以干预。在辅导员工作中引入心理问题的识别诊断技术，不仅可以加强学生对辅导员的信任，而且辅导员可以对学生出现的问题进行分类处理。一些经验丰富、具备专业技术的辅导员可避免对学生错贴"标签"或"一刀切"，以免草率地给出处理意见，而是把确有心理问题的学生进一步向专业心理咨询机构转介，对于不属于心理问题范畴的学生无须滥用心理治疗，而是采取批评教育或说理指导。也就是说，思想政治教育持有具有价值导向的教育立场，与"价值中立"的心理咨询的立场并不一致。由于两者立场存在差异，因此所采用的教育话语和文字表达也就不一样。在某些情况下，运用心理咨询的方法可能并不如传统的思想工作引导和教育学生改变不正确、不合适的态度和行为来得快。

在思想政治教育中，与心理咨询密切联系的是"心理健康教育"，这并非心理治疗，而是通过维护心理健康达到教育目的而开展的一系列相关教育。除了心理疏导，心理健康教育还包括健康教育课程、文化活动、刊物等，属于思想政治教育范畴，与心理咨询工作确也有交叉重叠的部分，如秉持唯物主义观点、普遍联系的观点和整体观点等。心理疏导具有意识形态引导和底线保护的意义，工作对象是那些并非具有实质性心理问题，而是思想态度方面出现偏差而导致的行为偏差的学生。心理疏导其实质就是做思想工作，要求教育者主动发现教育对象的问题，并引导其对事物的正确理解和认识，具有一定的权威引领性，效果比心理咨询快，但是教育对象不一定全盘接受。心理疏导与心理咨询的不同之处还在于，通常咨询师向主动前往求助的学生提供无条件的积极关注以及有容乃大般的共情同理，而辅导员做心理疏导是通过批判的方式激发学生对错误态度、言论和行为的耻感认知，从而使之纠正过来朝着正确的、适当的、合理的方向改变。心理疏导多数采用解析的方式，为学生讲道理、谈认知，由于学生往往认为大道理自己都懂，因此辅导员做心理疏导有时具有一定的斗争性，尤其在面对涉及意识形态、违法违纪方面的问题时，辅导员要通过辨析，阻止学生被个人自由主义、历史虚无主义等错误思想主导和利用。

辅导员开展心理健康教育，运用心理咨询的技能在于"助人自助"，包括助人、人自助、自助三方面。一是直接帮助学生解决问题。二是对主动前往求助的出现心理问题的学生给予专业性的心理咨询和援助，使当事人通过问卷、游戏、心理学测试等方式对其自身的困惑产生相对客观的认知，从而启发其自行找出解决问题的方法和措施；或者约谈通过筛查手段发现存在心理问题隐患或已出现纪律问题、人际交往问题却未自知的学生，从心理学的角度促其认知和改正。三是通过帮助个别学生骨干或者出现具有代表性问题的学生，最终达到使学生群体自行解决群体问题的目的。其中，"助人"是辅导员直接帮助学生解决问题，需遵照我国宪法、法律法规以及校方当下所执行的各种规则和政策；"人自助"是帮助当事人自行解决问题，这是心理咨询的核心技能，可以由辅导员转介当事人到专业心理咨询处实施治疗，也可以由辅导员秉持自身经验或者一定的工作程序开展专业的心理辅导，从这个意义上看，辅导员是否具备心理学知识以及是否曾接受专业的心理学理论培训和实践操作训练将会使辅导员工作效果存在质的差异；"自助"关键在"自"上，自主、自觉，是指辅导员首先教会个别学生自行解决自身问题，再由其帮助学生群体中的其他学生，从而总体提高解决问题的自觉性，看似解决的是个别学生的问题，实际上已解决了学生群体中大多数学生的问题。同时，这样也解决了辅导员育人自觉的问题。这不仅需要辅导员在熟悉各类政策的基础上进行，更需要其谙熟"得道者多助"这个道理，助人者最终自助，通过合理合法合规的途径成功助人，终将提升自助的综合素质和能力。"一对一"的指导具有个性化的功能，可以因材施教，但"一对多"则需要更足够的能量去解决共性的问题，这种解决问题的方式，具有"共享"的意蕴，符合新发展理念，其效应可以从个人层面逐渐升腾到社会层面甚至政治层面。西方哲学史上重要的思想家、哲学家苏格拉底也被称为西方第一位"心理学家"，其与受教育者互动交谈采用的"产婆式"辩论，被誉为"精神助产术"，广泛应用于心理咨询，可以启迪人们思考问题。我国2000年来被尊为"至圣"先师的思想家、教育家、政治家孔子，也被心理学界封为我国第一位"心理学家""心理卫生学家"。儒家经典《论语》中的"学而时习之，不亦乐乎""知之者不如好之者，好之者不如乐之者""君子坦荡荡，小人长戚戚"，可以看出孔子对人的心理状态的关注和细致把握，他因材施教的观点更体现了他对教育的用心。

　　思想政治教育向来具有包容其他学科理论精髓的跨专业扩容特性。马克思创立政治经济学就做了很好的示范，是解开社会发展规律的"钥匙"，尤其揭露了资本主义制度及其发展规律，他参考了1500多种经济学著作写出了《资本论》，论著当中不乏数学、医学、心理学等学科的身影，可见他学识之广。毛泽东也是学富五车，博学多才且极具文艺诗情，"一生走遍大江南北，走到哪里，读到哪里学到哪里"；与历史贤哲"隔空对话"，包括古今中外名著《楚辞》《论语》《资治通鉴》《孙子兵法》《三国演义》《水浒传》《伦理学原理》《共产党宣言》等，"将马克思主义的有字之书和中国国情的无字之书结合得浑然天成"①。毛泽东如何做思想政治工作？做起思想工作是"形象亲切、有血有肉"，"能用最浅显的语言说明最深邃理论与最高深原则的人"，"备中肯綮、矢无虚发"②。还有习近平总书记，他介绍自己"最大的爱好是读书"，经常号召领导干部"要结合工作需要学习，做到干什么学什么，缺什么补什么。要学习马克思主义理论特别是新时代党的创新理论，学习党史、新中国史、改革开放史、社会主义发展史，学习经济、政治、法律、文化、社会、管理、生态、国际等各方面基础知识"。习近平总书记推荐的书单主要有《共产党宣言》《苦难辉煌》《论语诠解》《孔子家语通解》《浮士德》《资本论》等，他最为人知的一段读书故事是在知青年代借读《浮士德》，为借书走了 30 里路，他还说"文艺是世界语言，谈文艺，其实就是谈社会、谈人生，最容易相互理解、沟通心灵"③。可见，思想政治教育工作虽然是与人打交道的工作，但要做好这项工作，还得多读书，要穷尽毕生所学。

---

① 毛泽东的读书法 [EB/OL].党建网，2022-12-26.
② 石光辉.毛泽东如何做思想政治工作 [EB/OL].共产党员网，2022-11-18.
③ 央视网.联播+｜习近平的书单 [EB/OL].百家号，2022-04-23.

第三节　注重服务却非覆盖全部的工作实质

　　一直以来，辅导员作为思想政治教育的一线工作人员，其角色随着时代的变迁而不断发生演变，由指令性特征较为突出的管理演变成当下以服务性特征为主的管理，以至于长期以来，辅导员工作除了部分有党务工作的人员执行体现指令性的党务工作外，还包括其他日常学生管理、教学秩序维护在内的工作，辅导员已总体形成以服务为主要内涵的岗位，这包括了在日常生活中对学生进行安全提醒、情感安抚、情绪疏导、人际调节、诈骗预警等，"救火队员、保姆、百科全书、万金油"的形象和功能一直存在。辅导员岗位的这种服务性特征还在不断泛化，几乎覆盖教书育人的各个环节，以至于有不少声音认为辅导员的服务型工作根本就不需要专业化，只需"服从"。显然，这种理解是片面的、错误的。这种误解只会令辅导员陷入无边界的事务性工作中，使身处其中的辅导员疲于应对，经年累月可能忘记了工作的初心。

　　一是无边界的辅导员工作易造成师生互动缺乏专门化。目前高校各种涉及学生的事务均需首先联系辅导员，工作地点和模式多样化，时而在课室，时而在宿舍，时而在饭堂，时而在校道，时而在会议室，时而在礼堂，时而在线上，时而在校外……灵活开展工作确实不应拘泥于办公室，但如果辅导员对学生事务全包，则容易产生职业倦怠。一项调查发现，有的辅导员产生"心累"的感觉，认为自己已经很努力地工作了，尽管如此，仍然有很多任务没有完成，总是捉襟见肘，无法在繁忙的工作中体验更多的专业成就感和自我效能感。而且，这样包办一切也难以使辅导员充分发挥其原有的知识特长，使学生不仅没有受到高质量的指导，还容易产生对辅导员的依赖性。这就不利于辅导员精力的合理分配，更遑论开展"灵魂塑造工程"和"人生导航工程"了。因此，高校需要对辅导员职能进行模块化管理，在模块的基础上发展专门的职业知识技能以及规范的管理标准，开展学术交流与畅通经验的传帮带途径。只有专门化的工作才能有工作的标准化，有了标准化才能合理定性，合理而准确的定性会使工作更加公平公正，工作效果的满意度也会随之提升。

二是辅导员的服务型模式需从个体化提升为团队化。当前不少高校的辅导员工作仍处于零敲碎打的状态，多数是以个体面对海量事务的形式开展工作。其工作不仅要面对学生，还要面对学生家长，还有校内领导、各职能部门同事、各教研室专业课老师以及与事务相关的各种校内外人员，如此广泛的人际接触面，若要求单个辅导员提升服务质量确实存在难度。高校可将不同特长的辅导员组织起来，汇聚辅导员能量使其服务能力团队化、职业化，可以通过项目管理、目标管理模式促进团队发展。每一个有效的团队都需要设置领导、信息员、记录员、纪律监督员和普通成员等角色，可以让辅导员在团队中各司其职。处于团队中的辅导员，不必疲于"接球"，而是可以按照自己岗位的要求通过以往的经验积累和规律摸索，辅以对学生状况的连续调查、需求调查、反馈性调查和满意度调查等，及时掌握学生在各个阶段、各个环节可能发生的各种问题，从而给予学生科学的、高质量的服务，对学生的问题实现分类指导，也能从容应对各种意外的发生。

三是仅仅发挥"服务"功能不能替代思想政治教育所有育人的"关键词"。教育部 2017 年 12 月 6 日发布的《高校思想政治工作质量提升工程实施纲要》指出，思想政治教育的基本原则是：坚持育人导向，突出价值引领；坚持遵循规律，勇于改革创新；坚持问题导向，注重精准施策；坚持协同联动，强化责任落实。规划好课程育人、科研育人、实践育人、文化育人、网络育人、心理育人、管理育人、服务育人、资助育人和组织育人等"十大育人体系"。服务奉献确实是辅导员这个岗位所必需的重要模式，但是要精准对接和解决学生思想、学习、生活和发展等实际问题，光服务显然不够，还要对学生进行理想信念浸入式教育。辅导员仍需培养学生良好的素质品格、学习习惯、社会责任感，仍需改善其实践意识、劳动意识、自主意识、自律意识，还有学生的专业思想和能力、问题解决能力、合作能力和媒介能力等均有待辅导员精心点拨与指导。

第四节　德智体美劳全面发展的育人目标

在《资本论》里，关于人的全面而自由的发展有如下观点：

> 资本家的动机也就不是使用价值和享受，而是交换价值和交换价值的增值了。作为价值增值的狂热追求者，他肆无忌惮地迫使人类去为生产而生产，从而去发展社会生产力，去创造生产的物质条件，而只有这样的条件，才能为一个更高级的，以每一个个人的全面而自由的发展为基本原则的社会形式建立现实基础。①

马克思曾描绘过这样一幅画面：

_____

① 马克思. 资本论：第 1 卷 ［M］. 中共中央马克思恩格斯列宁斯大林著作编译局，编译. 北京：人民出版社，2018：683.

　　而在共产主义社会里，任何人都没有特殊的活动范围，而是都可以在任何部门内发展，社会调节着整个生产，因而使我有可能随自己的兴趣今天干这事，明天干那事，上午打猎，下午捕鱼，傍晚从事畜牧，晚饭后从事批判，这样就不会使我老是一个猎人、渔夫、牧人或批判者。①

　　我们正在为中华民族伟大复兴而努力建设社会主义现代化，也需要发展社会生产力和创造生产的物质条件，也需要促进个人的全面而自由的发展。而个人全面发展的实现离不开发展的社会主义先进文化，弘扬以爱国主义为核心的民族精神和以改革创新为核心的时代精神，践行社会主义核心价值观，实现以中国式现代化推动构建人类命运共同体。

　　德智体美劳全面发展的教育方针，其实质是鼓励"一体化"教育，强调不能顾此失彼，只发展某一方面的人才是不完善的，应"德智体美劳"五育并举。五育，既互为条件，又相辅相成。早在1957年，毛泽东就提出"教育与生产劳动相结合"的理念；1982年《中华人民共和国宪法》第四十六条规定"国家培养青年、少年、儿童在品德、智力、体质等方面全面发展"，这是中国当代历史上第一个以法律形式出现的教育目的；1999年，《中共中央 国务院关于深化教育改革全面推进素质教育的决定》提出"德智体美"全面发展；党的十八大以来，党的教育方针进一步完善，2018年9月，习近平总书记在全国教育大会上提出，"培养德智体美劳全面发展的社会主义建设者和接班人"。可见，我国育人从强调"德智体"全面发展，到"德智体美"全面发展，再到"德智体美劳"全面发展，这个过程反映了我国对教育的认

---

①　中共中央马克思恩格斯列宁斯大林著作编译局. 马克思恩格斯文集：第1卷 [M]. 北京：人民出版社，2009：537.

识是循序渐进的。马克思在《资本论》中对"劳动"这样定义："劳动作为使用价值的创造者，作为有用劳动，是不以一切社会形式为转移的人类生存条件，是人和自然之间的物质变换即人类生活得以实现的永恒的自然必然性。"① 可见，人是否得到自由而全面的发展，是评判教育效果的依据，而人才教育效果的评判则要看其是否可向社会提供有使用价值的劳动产品。教育方针每完善一步，都提示着时代的需求又更进了一步，在培养人才时应深刻理解并落实到位，明确这不仅是完善教育结构的问题，而且是完善教育思维的问题，因为五方面的举措实质上还有着内在的逻辑联系。首先，人的品德需教育来完善，德育品质为人才全面发展打下坚实的基础。其次，智商是智慧的表现，是人的见识和实力，人的智力需要发展，提升智育就是不断完善思维与积累知识，努力把见识都用于实践上。再次，体能包括人的体力和体质，体育就是为了强大体力和强健体质，体能的强大决定了人的发展长度。最后，美是人的本质力量对象化，"人在审美活动的时候，把自己的本质力量，全面地在对象当中展现出来"②，是好看的事物，是艺术的，是满意的，美因此是在德智体三举基础上的综合反映，也是人的综合能力和素质的全面表达，表现为人的办事风格、气场和愉悦的心情，同时也发展成批判思维，这种思维最初是感性的、被动的，随着思维的成熟和发展，终究会变成理性的、主动的。"五育"并举的措施反映了我国教育螺旋式上升的发展过程。人是否应该具有批判思维？是否应具有高超的审美艺术和品位风格？或者说，评鉴人的技术是否应与艺术结合？可以这样理解，如果以100分满分为标准，那么从勉强完成到完美完成将有60分

---

① 马克思. 资本论：第1卷 [M]. 中共中央马克思恩格斯列宁斯大林著作编译局，编译. 北京：人民出版社，2018：56.

② 蒋孔阳. 美是人的本质力量的对象化：上 [J]. 文艺理论研究，1987 (5)：4-10.

到 100 分的区别。这种区别，就是实力的区别，人的"实力+理性"通过劳动这一形式表现了出来，有没有劳动，是"1"和"0"的区别。马克思在《1844 年经济学哲学手稿》中指出，"全部人的活动迄今为止都是劳动"，"如果我的生活不是我自己的创造，那么我的生活就必定在自身之外有这样一个根源"①。而劳动质量的判断，即劳动产品是否具有价值，终究决定于"美"。综合而言，人的政治面貌和个性品格决定了他是否出发、向哪儿出发，他的智商决定了他的创新，他的审美决定了他的选择，他的选择决定了他的人生状态，他的体能影响着他的意志，他的意志决定了成败，最终，劳动是他出发的目的也是他努力要达到的"彼岸"——"自由王国"。可以认为，如果一个人没有劳动的想法，是因为没有目的，因此也没有表达的需要，那么所有的德育、智育、体育和美育的成果可能就通通作废。所以辅导员要想方设法做好学生的劳动教育，劳动将验证人的德智体美的本质力量，劳动教育为创新、创业、就业打好基础。当前，党和国家着力推动高质量发展，劳动教育要做好动机分析，激发人的内驱力，做好劳动分工基础上的专业技能准备。如果劳动仅剩下谋生一个目的，那么劳动的个体会陷入缺乏美感乃至幸福感的体验中，如果这个个体不受生存危机驱动，那么就很难在劳动的路上走得长远。人在创新劳动中常常能够体验美感，形成良好的批判思维，审美水平就会不断提高，从而促进和谐、共赏、共享的社会关系形成。建立和谐社会，个人的兴趣爱好将得到保护和发挥，朝着美好的愿景进发；创新劳动终将促进人的全面发展，如果个体在劳动中还注意了资源的生态维护，那么他的发展是与自然和谐共生的，是可持续性的，也在一定意义上为达到更自由的状态提供了条件。

① 马克思.1844 年经济学哲学手稿 [M]. 中共中央马克思恩格斯列宁斯大林著作编译局，编译.北京：人民出版社，2000：88，91.

第四章

"时—地—人" 三维度

　　近年来，思政教育界围绕学生的热点难点从多维度对思想政治教育展开分析，研究的角度有课程、思维方式、思维创新、哲学建构、社会思潮、青年成长成才、理想信念、人文精神、个性发展、规律等，还有一些深入的相关研究，比如，内化、直觉、认知、辐射、成长等。这些理论及其研究角度可以为辅导员工作增添研究维度，甚至在此基础上可以拓展更多的研究空间。近年来学界对辅导员工作的研究规模也逐渐扩大，研究角度具体包括标准化、专业化、职业化、优化、主体、主体间性、路径、课程化、模型、协同、流程、满意度、胜任力、自媒体、工作室、个案……可见研究的角度比较分散，在一定程度上反映了人们对辅导员角色定位的认知的多元化，进而在教育当中对这个岗位的需求与期待也呈现多元化，而辅导员基于对自身角色的不同理解也会呈现出不同的工作表现，这些表现有可能与最初的期待相悖。根据所有这些不同角色、不同研究角度，可以将辅导员工作划分为三个维度：时、地、人。

第一节　"天时—地利—人和"

马克思主义的物质观认为，"时间和空间是物质运动的存在形式"。物质是通过什么介质把时间和空间组织起来运动的？人。人是关键的因素，人的活动就是人在某个时间某个地点发生的一系列动态。在中华优秀传统文化中，成功做事讲究"天时地利人和"，《孙膑兵法·月战》："天时地利人和，三者不得，虽胜有殃。"《三国演义》也很好地诠释了这一点，三国群雄有三绝，智绝诸葛亮，奸绝曹操，义绝关羽，但最大的赢家是司马懿。司马懿审时度势，为保存实力屡次装病，韬光养晦，养精蓄锐，待71岁时找准时机发动了高平陵之变，后与其子赢得兵权，为日后子孙颠覆曹魏政权做好了铺垫。司马懿于73岁去世，待子孙称帝后被追谥为晋宣帝。老子《道德经》也提及时机的重要性，第八章"上善若水"，"居善地，心善渊，与善仁，言善信，政善治，事善能，动善时"；第七十三章"天之道，不争而善胜，不言而善应，不召而自来，繟然而善谋"①。宋沈括《梦溪笔谈》："天时，为自然运行的次序。"可见，时机是成功的必备因素之一。而天时有三层意思：一是行事要注意时间节点和阶段，每天有二十四小时，每年有二十四节气，还有各种纪念日，人生有幼青中老不同的阶段；二是按次序出现的事物就是规律，人生的规律就是每个阶段都有每个阶段的事情；三是最好按次序行事，审时度势，把握时机，不甘落后，但是也要注意在时间点上不与其他事情冲突，这样才更容易成功。然而，等待时机并不意味着时下

---

① 老聃. 老子 [M]. 张光裕，编译. 北京：北京燕山出版社，2002：29，151.

所说的"躺平"。正如《三国演义》里的司马懿，虽然总是装病、隐忍，但绝非平庸之辈，而是拥有卓越才华之人，四处征战，屡建战功，曾先后在曹魏任大都督、大将军、太尉、太傅等。他等待时机而行实为夺取曹魏政权而蓄积能量，真可谓"功成不必在我，功成必定有我"，其与"躺平"有本质的区别。

　　除了把握时机，要办成一件事情，还需根据实际情况随时调整方案，随机应变、就地取材、因势利导。《吴越春秋·阖闾内传》有"夫筑城郭，立仓库，因地制宜"。比如，建立仓库要达到合理存储和充分利用的目的，必须充分考虑地形地质条件，因为要满足货物的运输和存放，还要利于作业和周转，更要合理搭配仓库的空间，避免空间使用不充分的情况出现。因此不少仓库会建立在水边，例如，位于广州市海珠区白蚬壳码头旁边的太古仓，是1904年到1908年英国太古洋行代理的黑烟囱轮船公司所建立，当时为方便远东、中南亚以及来往于广州、香港和上海等航线的货船装卸货物，临水而建，当时太古仓的整体设计、建筑材料、施工工艺均已充分考虑了防潮措施。此外，因地制宜还能发挥现有资源优势从而产生美感。广州太古仓于2005年被定为广州市文物保护单位。现在已成为一个集文化、创意、展贸、观光、旅游、休闲、娱乐等功能于一身的广州"城市客厅"，成为新品发布地和网红打卡地，在良性循环中促进了太古仓功能的优化和提升。可见，因地制宜体现了一种智慧，在教育中综合考虑具体情况，随机应变、因材施教一直是人才培育的最佳方式。辅导员在日常工作中也可根据具体情况，及时调整教育的实施措施，不仅可以充分利用教学资源，还可以使教育效果最大化。此外，因地制宜的思维还有助于促进美育。美育在我国当前高校中较为笼统，中共中央办公厅国务院办公厅印发《关于全面加强和改进新时代学校美育工作的意见》指出："到2035年，基本形成全覆盖、多样化、高质量的具有中国特色的现代化学校美育体系。"① 提升大学生审美意识和审美能力，需要因材施教、因地制宜。辅导员可以针对学生的优点和不足，在课室、实验室、宿舍、操场、食堂开展文化主题活动，以文化人，加强艺术熏陶，努力对每一位大学生做到因势利导，挖掘美的元素，使其养成良好的行为习惯和严谨的治学态度。大学生应学会把握时间节点，进入一个阶段就要达到这个阶段的相应要求，一步一步地提升自我修养。

儒家学说主张积极行动，强调人的因素，倡导德育主导。《孟子·公孙丑下》有"天时不如地利，地利不如人和""威天下不以兵革之利""得道者多助""多助之至，天下顺之"。② 人和的状态就是社会和谐，除了人们自觉地向社会核心靠拢，还需要道德和法律维系。我国自古以来重视德育，《大学》开篇即道："大学之道，在明明德，在亲民，在止于至善。"③ 《论语·为政第二》中，子曰："为政以德，譬如北辰，居其所而众星共之。"④ 哲学家伊曼努尔·康德在 1781 年发表的《纯粹理性批判》中写道："幸福只有与理性存在者的道德性精确相称、理性存在者由此配享幸福时，才构成一个世界的至善。"⑤ 在 1788 年发表的《实践理性批判》中写道："有两样东西，我们愈经常愈持久地加以思索，它们就愈使心灵充满日新又新、有增无已的景仰和敬畏。在我之上的星空和居我心中的道德法则。"⑥ 可见，德育是理性的、高尚的，

① 中共中央办公厅 国务院办公厅印发《关于全面加强和改进新时代学校体育工作的意见》和《关于全面加强和改进新时代学校美育工作的意见》[EB/OL]. 中国政府网，2020-10-15.
② 论语·孟子 [M]. 刘宏章，乔清举，校注. 北京：华夏出版社，2000：206-207.
③ 张凤娟. 大学·中庸·礼记 [M]. 呼和浩特：内蒙古人民出版社，2007：4.
④ 论语·孟子 [M]. 刘宏章，乔清举，校注. 北京：华夏出版社，2000：19.
⑤ 康德. 纯粹理性批判 [M]. 李秋零，译. 北京：中国人民大学出版社，2004：597.
⑥ 康德. 实践理性批判 [M]. 韩水法，译. 北京：商务印书馆，1999：177.

辅导员在日常工作中促进和发挥大学生德育主体的作用，开展德育工作其实质是引导德育主体自觉地理性实践，使其明确人才培养目标以及牢固树立专业思想，养成坚定的政治觉悟、良好的道德品质和高雅的文化素养。辅导员应引导大学生加强自我督促，自觉为推进中国式现代化努力学习、提高本领。辅导员工作为党为国育才，发挥桥梁纽带作用，纵向连接领导和学生，横向连接各职能部门和附属单位，对外连接学生家长和社会各界专家学者等，辅导员实际处于"大德育"意义上的枢纽部位。在施行大德育的同时，辅导员还要加强对学生的法治教育，督促其遵纪守法，维护政治安全、国家安全，增强依法办事意识，解决好急难愁盼问题，守护好网络德育阵地，致力于学生健康成长与成才，为中国现代化发展贡献自己的青春和力量。

辅导员开展思想政治教育是整体的、系统的，以马克思主义中国化时代化理论为指导，持辩证唯物主义立场，综合把握好"天时、地利、人和"三个维度的运行。依据这三个维度，可以对辅导员日常工作的复杂性进行盘点和剖析。一是通过对一定工作范围内、一定时间内事件完成的数目盘点分析工作的效率以及对耗能进行描述性评判。二是针对同一个交往对象根据之前同期完成的事件走势预测后续的工作进展，例如，将一个学期内学生会工作各个部门的事件与之前同期完成的工作量相比较，可以在短期内预判学生会各部门工作的进展，从而对辅导员指导学生会工作的完成度进行科学评判和预测。三是考察人际交往耗能，往往在短时间内完成或者近距离内完成的事件耗能较小，由此可以考虑提前或推迟在合适的时间和空间安排工作，也可考察在同一时段内事件发生的走势或多元化呈现。

可见，对辅导员工作"时—地—人"三维化，可以打开工作思路，使辅导员工作更富有开拓性。首先，根据实际情况调整人际交往对象和交往时间，有意识地控制事件完成的频度，甚至在应对突发或紧急事件的发生时，仍能胸有成竹、从容不迫。其次，可调节与人际关系中并不亲近的交往对象的工作任务频率，尽量安排在最短时间内完成，这样也可以省下更多的人际交往能量。再次，可以探讨针对同一个地方或者同一个时间段可否与不同交往对象完成不同的事件。例如，辅导员在巡查课堂纪律的同时，对教学设施、课堂教学效果也进行检查，如果途中接到其他通知，也一并完成；或者在办公室召集不同的学生会负责人，同时布置不同的工作任务；等等。此项技能需要辅导员长时间的训练并且确保思维清晰、头脑清醒，否则在完成质量上容易打折扣。最后，由于三个维度存在函数关系，可以进一步将多年发生的海量事件输入计算机进行分析性研究，找出事物间肉眼观察不到或者经验也难以发现的相关性，可发展数据化工作，并且对工作规律可进行更科学的把控。

第二节　秩序教育与显性教育

辅导员在日常管理中很大一部分工作是维持校园内学生的各种秩序，包括课堂教学秩序、宿舍秩序、食堂秩序，如果遇到特殊情况，还需管理出入校门秩序。学生到点睡觉，到点上课，到点吃饭，形成"三点一线"，各方面都井然有序，一定程度上可反映出校园生活的稳定性。作为"专业考勤员"的辅导员就是要在维护秩序中发挥育人功能。秩序的管理，其实质就是时间的管理，辅导员要辩证看待以下三方面的积极因素和消极因素，并在当中加以调节。

一是循规蹈矩与开小差。遵守规律，依序行事，不急不躁，比如，遵守劳动纪律，准时上课，准时参加活动，这是对秩序的敬畏，是对授课老师、自身岗位或者活动组织者的尊重。长久不懈的守纪训练，可以培养学生形成"准时"的良好行为习惯和品格，为做好其他工作打下良好基础。习惯的形成在开始时可能需要耗费一定的意志力，但久而久之，一旦进入程式化，反而不必耗费个人太多的意志力。然而，现实中总会存在学生缺席的现象，这恰巧是教育工作的切入点。不能准时的问题常见于新生入校阶段，大学生由于不适应而产生情绪问题或者心理问题，导致意志力下降，一旦缺乏提醒和帮助，就会逐渐离群掉队，从而出现不准点出席的情况。此时如果辅导员及时发现问题并给予干预，提前安排学生干部常规汇报出勤情况，可以及时帮助一部分适应不良导致出现心理问题或情绪化的学生。对于存在心理问题的学生可以进行心理调适或者转介心理咨询中心，而对于情绪化的学生，有必要进行追踪和干预。有的可能是校方的原因，比如，出现设备障碍、设施不全或上课环境欠优、授课老师上课方式方法有待改进等情况，遇到这样的情况需要向学校反馈；有的可能是生活作息没有调整好，特别是晚上沉迷于手机、计算机或网络的游戏和小说等，睡眠时间远远不够，影响了次日的出勤，针对这种情况要做心理疏导并进行必要的批评教育；还有的学生学习动机并未处理好，本来就对自己的专业不了解，在高考填报志愿时，因为家长过于强势而勉强入读，这就有必要与其家长沟通并尽早调整其心态，帮助其做好未来职业规划。

二是按部就班与躺平。按部就班是一种智慧，躺平却是一种消极态度。在对学生的问题或者可能的想法进行分析时，以"重要"为横坐标，以"紧急"为纵坐标，划分为"重要而紧急""重要而不紧急""紧急不重要""既不紧急也不重要"四个象限。把学生突发意外和疫病归入"重要而紧急"问题，丝毫不可耽误，对于其他如考试焦虑、情感危机、情绪化等重要问题，应先树立学生无小事的意识，再考虑其是否出于心理脆弱、经济困难、学业困难等因素，辅导员需要按部就班、头脑冷静地细致甄别问题的性质，特别要划分好个性问题和共性问题。尤其是在接到学校各式各类通知以及遇到各种突发状况时，最考验辅导员的应急能力，采取按部就班的工作方式可以做好相对稳妥的基础工作，会减少慌张和焦虑，不浪费时间，不陷入无谓的悲伤，为有效干预打下基础。这是综合能力素质的基本体现，是整体工作有序开展的前提，为可持续性和创新性的工作打好基础。日常工作中按部就班极具意义，老子《道德经》第三十八章说："上德不德，是以有德；下德不失德，是以无德。上德无为而无以为，下德无为而有以为。"意思是最好的德不用做出来，不必常挂在嘴边，也能令人感到有德；相反，最不好的德就是自以为有德的作为反而令人感到无德。这是一种"无感化"的教育方式，就是按事物规律施策，措施有效才会有德，有原则的措施往往奏效。也就是说，先公布游戏规则，再按规则行事，才能使人有安全感。但是，按部就班也有潜在的不利因素，往往容易使人滋生躺平情绪。如果辅导员工作思路和方法过于固化，未及时发现形势转变而因地制宜地调整思路，固执地死守原有的规矩而非采取灵活的措施，非但不能实现措施的有效执行，反而会引起学生反感或被学生诟病；如果学生过于按部就班，学习和工作上就难以突破，批判性思维得不到训练，创新性思维就难以形成，这也是近年来辅导员工作的一个新挑战。

三是论资排辈与内卷。论资排辈的出发点原本建立在符合人的成长规律的基础上，由于资历可以量化使得评选人才相对容易操作，似乎更有说服力。实际上有资质的人也不少，因此，按顺序选人，会令年资较高的人有安全感。后来者的成长固然值得被肯定，总是希望获得"破格"，但是防止揠苗助长、一步一个脚印也很重要，而论资排辈基本上能使整体处于和谐状态，因此这一措施经常被使用。但是，这一措施也存在弊端。一方面，实际上，所谓资质的标准还不够科学，强硬执行会令有贤之人缺乏民主之感，从而阻碍了其竞争的步伐。时下各行各业都需要真才实学的人才，需要推动创新，因此选拔是必然的，从而有了激烈的竞争，也被称为内卷。大家都"卷"起来投入良性的竞争是一件好事，但也遗憾地看到了两种分化，有的人历经内卷上位后却忘记了初衷而走上犯罪的歧途，也有的人原本论资排辈熬到应该出头的阶段却被挤兑。因此，每个人都应该辩证地看待论资排辈与内卷，无论辅导员还是学生，都应该努力提升自身技能，要一步一个脚印地做好知识积累和能力锻炼，专注于练就行业和岗位所需的核心技能，在关键的时刻能挺身而出。

抓典型、树榜样，可发挥显性教育的积极作用。高校中建立良好秩序在一定程度上表现为校园安稳，学风优良，学生精神面貌好、综合素质高，学校在市里、省里乃至全国范围内参加各式各类活动获奖等，均可以作为辅导员工作的可视性业绩。其中涌现的优秀分子、先进分子可以作为显性教育的模范和成绩，树立典型、表彰优秀个人和集体、召开经验交流会、登载先进事迹等，可促进辅导员工作，也可以通过显性教育对学生发挥导向作用。这一系列显性教育措施已长期在高校中实施，其实质是反映高校育人的方式及效果，也能体现辅导员工作的质量。按照马克思主义唯物辩证法内因与外因共同发挥作用的方法分析，对辅导员工作定性、定量并给予评价有助于反映辅导员总体素质并促进其素质的提高，最终可影响整个学校的综合治理能力和水平提升。辅导员工作的评价最终还是要看培养的人才是否符合社会需求，这也许才是最重要的显性指标。当前，在各式各类的评选中，高校人才的去向以及发挥的社会效益已成为评判思政工作成效的指标之一，顺着这一思路，人才去向追踪和用人单位满意度调查的显性指标应持续推进并细化、量化，这样有助于进一步提升高校育人功能的客观性和科学性。

第三节 符号化教育与隐性教育

　　教育的使命在于改变,可以改变一个人的命运,甚至可以改变整个社会的面貌。南非民族英雄曼德拉曾经说过,"教育是改变世界的最有力的武器"。实际上,辅导员开展思想政治教育工作,在某种意义上就是改变人的工作。习近平总书记在学校思想政治理论课教师座谈会上强调:"青少年阶段是人生的'拔节孕穗期',最需要精心引导和栽培。"① 大学生处于"拔节孕穗期",对其教育使之发生的改变可能影响其一生。一个人出现改变有两种转归:一是向坏的方向滑落,可能是身心不适、环境变差所致;二是向好的方向发展,比如,重大疾病得到特效药治疗就会收到立竿见影的效果,继而逐渐痊愈。辅导员也希望对涉世未深的大学生给予立竿见影的点拨使之发生顿悟,但是否真的存在改变人的"特效药"?想要使一个人的思想发生改变是相当困难的,要对结果做好各种心理准备。其实,就像针对病毒治疗,就算找不到"特效药"治本,也可针对出现的各种症状治标,辅以体育锻炼提高免疫力、借助先进的医疗手段应对重症等方法也可"药到病除"。

　　改变人是一门学问,比如,指令带有强制性,可以轰轰烈烈地改变一个人,甚至一群人。在 19 世纪末到 20 世纪初,生理学家伊万·彼得罗维奇·巴甫洛夫通过实验发现条件反射后,行为主义产生,使改变人

---

① 习近平主持召开学校思想政治理论课教师座谈会强调:用新时代中国特色社会主义思想铸魂育人 贯彻党的教育方针落实立德树人根本任务 [N]. 人民日报,2019-03-19(1).

变得容易。约翰·华生说过著名的一段话："给我一打健康儿童，我可任意改变，使之成为医生、律师等。"B. F. 斯金纳又通过实验发现了操作性行为主义，提出了强化理论，并强调了奖励在塑造目标行为中可发挥的显著作用，为教育提供了可行的策略和方案。行为主义证实了有策略地改变行为的可能。但是，行为主义弱化了人的主观能动性，在培养中缺乏人本理念，忽视了教育主体的主观感受，润物无声、潜移默化改变人的威力似乎更巨大。随着科技的不断发展，改变已无处不在。西方心理学一直致力于对人的认知的科学研究，认为改变人的认知终将改变人的言行，20 世纪美国的"爆米花和电影"这一故事，就是很好的例证。当时爆米花虽然口感好但并未流行，有人想在电影院门口摆卖当时还不能轻易批准，后来经过广告商不断努力争取，终于得到部分电影院支持，不少电影播放前在屏幕上打出字幕宣传爆米花，不仅使爆米花的销量暴增，还使这些同意广告的小规模电影院的生意比拒绝广告的大规模影院更好。自此爆米花与电影紧密结合起来，一直在欧美盛行，后来在中国的电影院也开始流行起吃爆米花这一举动。这不禁令人感慨，到底是世界改变了人们，还是人们改变了世界。"爆米花与电影"的现象说明隐性教育具有可开发的巨大时间和空间资源，当时这一现象在美国曾一度引发激烈争议，有广告商发现隐藏在电影背后的秘密而辞职专门著书，甚至心理学界用实验方法也发现了人的认知可以受看到的或听到的事物影响的依据。人确实会受一些图像或言语的影响而产生心理变化，进而发生言论和行为的转变。提出"无意识"理论的心理学家弗洛伊德是通过研究数百个精神病患者才发现了人的"无意识"现象，他总结了人的意识状态有意识、潜意识和无意识三个部分。人的各种欲望受到压抑后将以能量"力比多"的形式储存在无意识部分，这种能量会在人的行为中伴随输出，能量越大，言语和行为就越激烈，可导致一种自我意识不能控制的"攻击"现象，对本人的向内攻击表现为自残或自杀等行为，对本人之外的攻击则表现为诅咒、打架或破坏物体等激烈行为，而日常言语和行为的粗鲁表达很可能就是此人无意识表达的线索，打球、跳舞、演奏、唱歌、朗诵、劳作、幽默交谈等活动则是主动释放这些"无意识"能量的积极表达方式。

符号化的隐性教育隐含了对人的无意识的操控，有待大力开发。辅导员在思想政治教育工作中非常需要全方位挖掘有利于教育的元素，在显性教育的基础上辅以隐性教育。一是找到合适的符号，在一定范围内发现能统一学生认知、吸引学生眼球的元素，如图像、文字、音乐和数字等。文字当然可以记录和描述事物但往往需要更多的篇幅，通过视觉或听觉的方式宣传事物或人物更能节省认知时间并同时释放出更多的信息。二是发挥和运用符号的作用。心理学家乔治·斯珀林通过实验发现人类具有极强的视觉短时记忆，又称为"图像记忆"①。虽然图像记忆会快速消退，但经常训练可形成过目不忘的能力，也会在人的无意识中储存起来，这个功能已在计算机领域得到了广泛应用，编码使图像转化成数据运算，因此视觉信息可以形成标记性的符号。辅导员对学生而言，一举手一投足，包括服饰、眼神，以及言语的弦外之音都是影响学生无意识的隐性元素，因此辅导员应注重自身的形象塑造，也须掌握一些服饰、发型甚至话语的潮流，还需要训练眼神与情感情绪。反过来，辅导员也可以通过观察学生的服饰、发型等外在表现感知其喜好和个性，通过其站姿、坐姿和走姿获取其内在的信息。三是适时展示符号的威力。比如，党员参加活动时佩戴党员徽章，党支部开展活动时悬挂党旗，使活动现场立马变得严肃起来，仪式感就会大大增强。如果活动的

---

① 戴维斯.巴甫洛夫的狗：改变心理学的50个实验［M］.张雨珊，译.北京：北京联合出版公司，2007.

实质性强，比如，志愿者服务活动，除了礼仪的训练，还有实质性的帮助和服务，此类活动可纳入文化建设范畴，使学生参与其中感受文化的氛围，从而影响着无意识修为，达到有效育人的目的。四是编制符号，俗话常说"好记性不如烂笔头"，在课堂上听讲时，有经验的人总会强调记笔记，但是笔记也要有策略，并不是重复讲授的内容，而是采用多种符号标记知识点。在浩瀚的"脑海"中，这些符号就成了记忆提取的密码。毛泽东读书的时候就喜欢在书中做各种标记，包括"＿、〰"等符号，不同的符号可以随时提醒知识点、重点和难点。为读懂复杂的知识，还可绘制"思维导图"，以数字或简称作为符号标记在导图中，再把符号对应的事件罗列在旁。在做人文社会科学研究的时候，也可以对所设计的选择条项进行编码，录入数据时，勾选的编码"1"，不勾选的编码"0"，处理数据时就可对海量的事物进行计频、分类、差异性比较以及相关性分析等研究。转化成"1"和"0"的优势在于可以按一定的公式运算，从而找到所调查项目之间的某些数理关系，比如，"时—地—人"三个维度的数据是否存在函数关系。可见，符号化教育是高级别的隐性教育，意味着可以在教育中使用一些无意识的元素令学生在不知不觉中获得教化，这些元素仍隐藏于多种教育当中有待开发。

　　隐性教育还应注意引导大学生发展健康积极的人际关系。良好的人际关系是"人和"的表现，是成功做事的前提之一。但是人际问题遍布于育人的各个环节，已成为问题解决的中介，是否妥善处理人际关系已构成能否成功做事的决定性因素，其中包含了三方面的考虑。一是与何人合作，包括了人员的年龄、性别、身体素质、学历层次、特长爱好、教育背景和成绩、政治面貌或信仰、家庭关系和社会关系、工作经历等，虽然辅导员或学生在日常工作中不可能逐一详尽了解，而且涉及隐私的问题需谨慎对待，但是可以在人际交往中细心留意，特别是关于人品、政治面貌和信仰、学习态度、学业成绩、身体素质和劳动锻炼、社会实践、志愿服务等都是显性的线索，都可以观察出来。同时也应从自身做起，"勿以恶小而为之，勿以善小而不为"①。此外，还要应对诈骗等，细心观察，增强防范风险的能力。二是人员的素质能力和精神状态能否满足执行事务的需求。人的能力有许多方面，包括适应力、观察力、记忆力、想象力、学习力、创造力、团队协作能力、意志力和政治力等。其中，"政治力"是大学生首要具备的能力，这一能力解决的是方向问题和动力问题。就像轮船远航没了导航系统和燃料，没有理想和信念就不知道为什么要出发，出发了也走不远；没有理想和信念，唐僧就不会历经九九八十一难取得真经。辅导员需要根据不同的目标做出不同的安排，当前根据需要往往重点考察人的创造力、批判力等能力，在我国则坚持以德为先。三是人员是否处于团队之中，并且相互之间关系是否协调，个人素质和能力固然重要，但是团队更具有取长补短的作用。正如之前讨论过的成功除了"时""地"条件之外，还有"人"，这里的"人"可以指个人或团队。团队比个人更能综合用好"时""地"两个条件，团队有制度和文化，更能为多元化行动提供必需的、有效的能量，使团队中的每一位成员都能被这股力量带动起来，共同进步。团队的制度建设和文化建设实则通过营造文化氛围去引导成员的无意识，进行有意识的管理，可发挥潜移默化的作用。发挥文化的作用，立场很关键。西方国家不仅注意发展主流文化，还非常注重国家文化建设。文化建设就是在打造隐形的国际影响力，因此国家文化已被公认为综合国力的重要组成部分，是凝聚人心的软实力。西方国家不惜通过巨大的经济投入，去营造文化的感召力，达到提升本国政治吸引力的目

---

① 陈寿.三国志［M］.裴松之，注释.西安：三秦出版社，2021.

的，而且希望将本国文化植入他国，试图以西方价值观、政治观、文化观乃至思维方式、生活方式去影响、征服和控制他国，把这些侵入比作"糖衣炮弹"再形象不过了。"早在党的七届二中全会上，毛泽东就曾对全国解放的新环境下可能出现的干部腐化提出了警告，指出那些在敌人面前不愧为英雄称号的人，可能在'糖衣裹着的炮弹'面前打败仗。提出要警惕敌人'糖衣炮弹'的进攻，要求同志们继续保持谦虚、谨慎、不骄、不躁的作风，艰苦奋斗。"① 可见，文化影响力的最高境界是通过操控人的无意识而使人主导自我言行朝着操控的目的进行。因此，我国十分重视大学生的意识形态教育，通过意识形态主导、德育、心理健康教育、法治教育、国家安全教育等多管齐下，多维度促进大学生形成正确的世界观、人生观和价值观。习近平总书记要求"不断增强意识形态领域主导权和话语权"②，"要加强阵地建设和管理，认真贯彻主管主办和属地管理原则，切实做到守土有责、守土负责、守土尽责，使各类意识形态阵地始终成为传播先进思想文化的坚强阵地，决不给错误思想观点提供传播渠道"。③

　　辅导员开展文化育人要坚守马克思主义中国化时代化的立场，践行社会主义核心价值观，通过"无意识"感化，引导学生培养中国式的、高雅的、正确的行为习惯和健康、积极、向上的情感认同，给予学生具有中华优秀传统文化特色的人本关怀，体现中国特色社会主义制度优越性，抓好主流思想引导，实施文化育人。开展党史学习教育就是要明确

---

① 袁刚．"糖衣炮弹"说和新时期反腐倡廉新思路［J］．学习论坛，2006（4）：58-61．

② 习近平．决胜全面建成小康社会 夺取新时代中国特色社会主义伟大胜利：在中国共产党第十九次全国代表大会上的报告［EB/OL］．新华网，2017-10-27．

③ 刘小丰．为什么要建设具有强大凝聚力和引领力的社会主义意识形态？［EB/OL］．"学习强国"学习平台，2018-09-14．

为接班人树立榜样，使之在社会主义现代化建设中赓续红色力量，学史明理、学史增信、学史崇德、学史力行，每个人都应立足于"行"，在行动中发扬斗争精神。丰富的史料不仅为学生树立了一个又一个奋斗的榜样，更能营造起红色文化氛围，使学生在重温党史、新中国史、改革开放史和社会主义发展史中，重温红色记忆、传承红色基因，通过学习英雄的事迹，感悟其在各种艰难困苦下仍不懈前行的精神，激发民族情感和历史责任感，在斗争文化和建设文化中真正领悟"团结就是力量"，从而建立起对人际关系的良好认知，达到对学生有效心理疏导的目的。

隐性教育特别有助于培养意志力，应重视在各教育阶段对学生意志力的培养，持续进行目标导向以及不断优化阶段性的培育力度。人的意志力从何而来？是否可以壮大起来？一直以来最公认的做法是通过一定的社会实践和专业实习对学生的意志力进行锻炼和提升。此外，还可以考虑以下三种方法。一是关闭意志力析出的部分通道。德国哲学家亚瑟·叔本华是西方意志主义的开创者，认为意志可以通过直观而被认识，把"自在之物"归结为意志，认为"世界是我的意志""是任何一现象的本体"，就是说人的一切是意志的表现。他还说，"在《福音书》里，世界和灾难几乎被当作同义词使用……我们的处境在本质上就是不幸的……这个世界就是一个受折磨的……角斗场"，所以他站在了悲观主义的立场来描述和分析意志。按照叔本华的这个理论，欲望得不到满足就会引发痛苦最终导致罪恶的产生，但当欲望得到了满足可并不具有积极意义时，他开出了"禁欲"这个"药方"①。在教育中，人们正不

---

① 阿本德罗特，壬六. 叔本华的《世界是意志和表象》述评［J］. 哲学译丛，1982（6）：54-59.

知不觉地使用着叔本华这一办法。"知命者不立乎岩墙之下"① "为之于未有，治之于未乱"②，古代先贤早已提醒我们，时刻保持警惕以避免陷入危险是一种正确的态度和做法。比如，禁止学生带手机进考场防止作弊，禁止带大功率电器进入学生宿舍防止火灾，禁止在校园内吸毒打架等违法犯罪行为，禁止在网上贷款防止诈骗等，将欲望归无，就不必担心意志的耗费，从而切断意志的析出。此举有一定作用，但副作用也不小，长此以往容易形成威权式管理。威权式管理形式的氛围以绝对服从为特点，与民主方式管理相对应。二是节省意志力，这是一种技术含量较高的做法，需要首先普及关于意志力的心理知识，可通过心理健康教育课程，讲授意志力的发生、发展和转归。根据心理学定义，意志"是有意识地支配调节行为，通过克服困难，以实现预定目标的心理过程，受意志支配的行为称为意志行动"③，结合弗洛伊德的无意识理论，意识是人可以觉知的部分，可令人按意愿支配行动，但无意识可能离人的真实本质最近，令人在不知不觉中影响行为但不自知。无意识储存了大量因与社会道德存在冲突而被压抑的观念、愿望和想法，不能轻易出现在意识当中。如果把人的心理比作一座冰山的话，那么人的意识便是露出水面的冰山顶端，它只占人的心理很小的一部分，大部分的心理活动或过程是无意识的。人对过往所经历过的包括视觉、听觉、触觉等收集而来的信息可通通储存在人的记忆中，其中，有意识记忆是外显记忆，信息容易被记起，无意识记忆是内隐记忆，信息不容易被记起，而且不容易向意识转移。当人的意识指向某个对象时就是"注意"，具有集中性，意思是当人越关注某种人或事物时，投入意识的强度越大，注

---

① 论语·孟子 [M]. 刘宏章，乔清举，校注. 北京：华夏出版社，2000：337.
② 老聃. 老子 [M]. 张先裕，编译. 北京：北京燕山出版社，2002：135.
③ 彭聃龄. 普通心理学 [M]. 北京：北京师范大学出版社，2004：361.

意力越集中。人对事物自然而然发生注意而不需要任何意志参与的注意称为"不随意注意",这种注意对信息缺乏选择性,受到人的需要、兴趣、情感、过往经验等影响,目的性不强但付出的意志较少。相反,有目的且耗费意志力较多的是"随意注意",其特点是持续性较短,随意志力减弱而减弱;"随意后注意",是指有预定目的,在付出了一定意志力后逐渐不需要意志的参与也依然能保持关注,具有自动性、持续性特点,但受体力限制。一直以来我们在教育中提倡以"兴趣"作为学习的切入点,兴趣爱好有助于人自然而然地关注事物,所以不需要耗费太多意志力而自动启动对某种人或事物的关注,当这种关注发展成"随意注意"后,人会因满足兴趣爱好而不需要耗费太多意志力进而产生幸福感和获得感,相反地,若无兴趣来学习就会因耗费意志力过多而带来痛苦。当感兴趣的事情变成了"随意后注意",也就进入了习惯状态和动作定型阶段,意志力就能大大节省下来,不仅不觉得痛苦,还可以把节省下来的"意志"用于发展更多的"随意注意"。随着兴趣爱好不断广泛、注意力指向性增多,储存在意识和无意识当中的信息也会越来越多,而无意识的信息向意识转移虽有一定的难度,却可以直接影响人的言行,这种现象可以自动产生,是最接近人的真实意愿的,所以应加强人的无意识管理,那些高雅有修养的行为就是重视了无意识言行训练的结果。此举需有经验的"导师"因材施教。三是增强意志力储备。当人有意识地去完成一件事情时,就要随时准备好消耗意志力,注意力持续提升就要持续消耗意志力。意志力是资源和能量,对个人而言是有限的,所以意志力也需要不断增强壮大。注意的最高层次是"注意分配力",就是指可以同时指向两个以上的目标或者接收两个以上的信息,这是完成复杂程度高的任务的基础,可以充分调动人的主动性和积极性。"随意后注意"是"注意分配力"的基础,人的实践操作训练基本是在意识的支配下开启的，当人反复练习后，操作就会逐渐熟练，熟能生巧，不仅效率高了，还能让人的意志力输出减少，从而使紧张情绪得到舒缓，甚至产生愉悦的情绪。当动作定型后，人可以一边掌握更多事物的规律，一边享受操作的过程。熟练的状态可使人进入一种自在的状态，令人可以有更多的精力同时完成其他任务。比如，弹钢琴，一开始是单手弹奏，经过一段时间的训练，有的人熟能生巧，不仅能双手弹奏，而且能边弹边唱。辅导员在指导学生学习、工作、生活中统筹安排多项事务时，就可以效仿弹钢琴。此举需师生共同努力，否则稍有不留神就变得顾此失彼，三心二意反而欲速不达。

第四节　顺应万物互联时代特色

马克思主义认为万事万物是相互联系、相互依存的，需要用普遍联系、全面系统、发展变化的观点看待事物。在古代，人与人之间空间大，联系起来也很耗时，人们靠车马的方式拉近了非常有限的范围内的人与人之间的距离，当有了轮船和飞机，就拉近了世界范围内人与人之间的距离；互联网的出现不仅缩小了空间距离，更节省了联系时间。在互联网时代，无论分隔多远的距离，人们都能在网络上分分秒秒地发生联系。时间和空间都是资源，互联网不仅节省了完成单个事件的资源，而且实现了同时不同地多个事件批量完成的可能，使世界范围内的资源前所未有地被快速动用起来。人为了某个目的对时间和空间的组织更加方便了，有时候只需要找个合适的时间、合适的空间，有时候就算此人没有合适的时间和空间，只需要有合适的他人对时间或空间合理把控，也能无区别地达到既定目标。大数据记录了万事万物的点点滴滴足迹，将其数字化进行公式运算，就能在海量的足迹中发现这些事物彼此间存在的某种联系。大数据包罗万象，只要开发合适的软件，收集和处理数据就变得并不困难，既可以根据大数据描绘个人或群体的某些特征，还可以指导某些目标行为的发生。数据之间可以根据需要做差异性研究，也可以做相关性研究，还可以把不同阶段不同层次的数据用线图等方式直观呈现，为全面分析和把控事物的发展规律提供了可视化条件。

"春江水暖鸭先知"，辅导员工作的实质是直接感知当代最前沿的教育要求，也直接感知学生个人或群体的变化动态。辅导员可以通过观察和走访的方式了解和掌握学生第一手资料，现在有了互联网的加入，辅导员对学生实施奖励或约束等管理措施可以更加精准。"观察+走访+互联网调研"可成为最直接也最能掌握学生总体情况的途径。辅导员对学生的引导是按照"个体—集体"的路径，对学生的干预是"疾病—心急—危机"（"疾"是不舒适的状态，"病"是指不健康、不满意的状态；"心急"是焦虑惊慌等状态；"危机"是指抑郁、绝望或突遇严重事件的反应），对问题学生的处理则是"应急—安抚—维稳/处分"。日常管理目标包括关注学生意识形态、维护校园安全稳定、符合法律法规校规；日常工作内容包括帮助学校处理危害人身安全的行为，帮助罹患重急病、有心理障碍或精神疾病的学生以及处理各种违法违章违规行为，帮助学生自主完成学业，安抚各种因突发意外、落选、失恋、挂科、人际矛盾、任务失败等受挫情绪，激发创新、领导、组织和协调能力，治理成瘾、失和、失信、拖延、依赖、受骗和自理自控不足等现象；发展党员、培养学生干部、鼓励学生科研、发扬学生文化体育艺术个性特长、帮扶经济困难学生；工作方式包括处理数据、撰写文章、备课上课、召开会议、谈心聊天和循例巡查。总之，辅导员工作就是要解决问题，要对所需解决的问题胸有成竹，一方面要具有良好的心态，另一方面就是把真才实学有规划地、有序地展示出来。互联网可作为新式工具置入辅导员解决问题的工作中。辅导员工作是改变人的工作，而网络是改变世界的工具，两者若能从高度、深度、宽度多维结合，将真正实现教育现代化。辅导员应该充分认识网络，应看到网络已触及世界的每一个角落，把整个地球变成一个"村"，对人类社会和生活正产生深刻影响，使人与社会的发展不断呈现新的方向和目标。因此，网络的使用绝不是单纯地将已有的资料或图片上传到某个平台或空间，而是在于运用人工智能等技术对辅导员工作进行智能化补充。辅导员与学生的谈话是否也有人工智能介入的需要？答案是肯定的，只需假以时日。

在互联网时代，解决问题常常快速有效，只要输入关键词，便能快速地找到相应的或相类似的答案，因此辅导员也要前置问题解决的重点，不能等问题出现了再来找办法解决，要对可能发生的各种问题进行分类并按照时间节点提前做好应急预案。做好预案，一是需要在曾经出现过类似问题的时候做过的细致总结和辩证分析。二是针对问题可能发生的细节寻找相应的知识储备进行应对，这些知识包括陈述性的和程序性的。三是设想导致类似问题出现的可能原因，对各种可能性做到科学预测。要对问题形成抓早抓小思维，避免事件复杂化。有一些问题是不能触犯的，比如，诈骗钱财和侵犯隐私，一旦触犯就是违法犯罪，平常一定要使学生牢记原则性问题的重要性，形成高压红线不可碰的思维定式。辅导员开展思想政治教育重在政治化、系统化、全面化，才能进一步发展为专业化、职业化。人们关注事物会从局部逐渐拓宽到整体，逐步培养全面认识事物的能力。全面认识事物的能力很重要但也很有限，特别是对学生而言，辅导员这种岗位，其实需要更多地发挥引导作用，引导学生全面认识事物才能更好地掌握资源、分配资源、使用资源，最终引领学生走入正确的潮流。

当前，已逐渐兴起"互联网+"联合"大数据"的教育模式，根据实际情况开发各种工作平台，可以建设学生网络社区，开发"互联网+思想政治教育""互联网+心理辅导"等相关平台，通过线上线下相结合的方式，提升辅导员工作的政治指向性和育人目标性。通过微信、微博等公众平台，向外界展示思想政治教育的可视性教学成果。应不断创新学生问题收集分类处理方式，辅导员可以通过问卷调查，开展关于学生信仰、智力、情感、情绪、个性、爱好、特长等的测试，通过个人得分初步把握学生个性特质，对数据进行描述和分析，形成个人报告以及群体情况报告。把教育理念贯彻于实践当中，指导大学生提升问题解决能力，学会站在他人角度，从更高更深的层次去认识事物的本质，不断增强责任意识和奉献精神。

在互联网大数据时代，探索辅导员如何用好"互联网"这个工具有着重要而迫切的现实意义。辅导员工作也需要大量的互联网技术，比如计算机语言程序设计、网页设计与制作、数据结构、大数据收集和分析技术等。网络本身就是一个技术含量极高的工具，在辅导员的事务性工作中加入网络要素，对辅导员本身而言是一种全新的挑战、全面的挑战和难度极高的挑战。辅导员须比以往更关注互联网舆情。为动态追踪和掌握学生情况，辅导员须一直关注学生舆情，互联网的出现更丰富了关注的手段，尤其在布置任务或者做出某种决定的时候，要做到心中有数，在处理危机事件时，该断当断，毫不犹豫，胆大又细致地开展工作。舆情是问题解决的反馈方式，应敏锐察觉并将收集到的生活舆情向学校各部门反馈，以便及时调整措施，改进服务质量；涉及隐私的舆情则考验辅导员的判断力和问题解决的能力，要善于把焦点集中起来，与相关领导和部门进行协调。经过沟通和解释，尽可能将问题解决，如果不能，应进一步通过行政方式反馈给领导。上级领导需要统筹思路，对于辅导员反馈的问题，宜组织多部门协同解决。

第五章

工作开展特征

　　高校肩负人才培养、科学研究、社会服务三大使命，辅导员工作也应顺应国家乃至全球的发展变化。在工作实践中，辅导员工作系统化、专业化、职业化的发展模式逐渐形成，从政治、文化、社会多个维度推动工作的可持续性发展。党的十八大以来，以习近平同志为核心的党中央提出"创新、协调、绿色、开放、共享"的新发展理念，从新的角度去诠释马克思主义中国化时代化，是指导创新与实践相结合的理论，所以思想政治教育学科创新发展也是必然趋势，辅导员工作顺应时代需求而生，从1933年最初的"中国工农红军大学的政治指导员"开始，至今已有90年的工作实践与理论探索，已逐渐形成中国高校特有的教育模式，岗位的可持续性发展态势正不断增强，需要进一步在学生的政治引领、学生事务、学风建设、学生生活与学生科研中做结构性的梳理总结，丰富实践理论，充实岗位技术含量，提升专业效能，为"问题导向—问题解决"赋能，形成"系统化、专业化、科学化、职业化、规范化"的辅导员工作体系。

第一节　自上而下与自下而上

管理模式通常有自上而下与自下而上两种思维，前者带有明示性、指令性，辅导员开展工作需要同时兼具两种思维，既要向学生负责的同时也要向上级领导负责。首先，辅导员应牢牢把握意识形态领导权，占领思想政治教育阵地；其次，强调学生对学校规定的服从和遵守，注重对学生的规范管理和行为约束，使违规违约行为在学生管理制度中找到相应的处置办法。整个管理模式应做到自上而下与自下而上相结合，有利于日常管理有章可循以及学生群体行为的整体性塑造。但是，管理者在自上而下管理时容易出现颐指气使、强迫而为等现象，尤其一些管理者表现出过于绝对化和统一化的管理态度并不利于教育，指令性强的说教会缺乏热情生动，言语会变得生硬无趣，面容也会变得僵硬。由于发号施令权威性强，解决问题比较简单直接，造成学生事务管理框架过于单一，辅导员的思维的空间也变得狭窄，逐渐与以学生为本的价值理念和育人原则相违背，不利于学生的个性培养与创新思维的形成。此外，过于强制性的管理容易使学生产生抵触和反感情绪，问题不但得不到解决，还会隐藏起来，令教育达不到应有的目的。通过自下而上的模式可在一定程度上发展学生的话语权，使学生在参与学校的教育教学管理中提升主体意识，使其对教育措施的拟定从被动转向主动。在管理当中注入以人为本的价值取向，可使服务管理、法治管理的思路多元化，改变单向而行，营造自下而上的民主作风。根据《中共中央　国务院关于加强基层治理体系和治理能力现代化建设的意见》①的要求，"以习近平新时代中国特色社会主义思想为指导，坚持和加强党的全面领导，坚持以人民为中心""以加强基层党组织建设、增强基层党组织政治功能和组织力为关键，以加强基层政权建设和健全基层群众自治制度为重点，以改革创新和制度建设、能力建设为抓手""提高基层治理社会化、法治化、智能化、专业化水平"。应鼓励学生参与学校各项治理现代化建设，合理做到自上而下与自下而上相结合，形成民主集中的学生管理模式。

　　单纯采用自上而下或自下而上的管理方式均存在各自的利弊，为集两者之长，可开展建构式教育。建构式教育是一种开发教育对象思维的教育方式，引导教育对象参与管理条例的修订和执行。根据心理学家埃里克·埃里克森提出的人类心理八阶段理论，大学生处于第六阶段（18~30岁）：开始独立生活，寻求自我实现和成就，需要建立稳定的人际关系，同时需要感受自己的行为和想法被社会认可。因此，这一阶段应建立更多的平台，鼓励他们去实践、去感受。可以由教育者提出多个问题，交由教育对象对相关问题进行思考讨论，在遵守各项规章制度的条件下提出方案，由教育者对其方案做结构式的修改，特别是涉及措施方面的，多次返回教育对象与之商讨，最终形成师生基本达成共识的问题解决程序；实行定期修改制度，学生以修订方案的形式执行，以一年为周期，执行的过程中，如遇新问题新困难，就再次收集问题，讨论并总结改善措施，会议投票决定后上报上级，当再次执行时，按新修订的方案执行。辅导员需要反复了解常见问题、重点问题和难点问题，这很考验辅导员的耐心细心，也打开了对学生的关心之路，是教育者打造

---

① 中共中央　国务院关于加强基层治理体系和治理能力现代化建设的意见（2021年4月28日）[EB/OL]. 中国政府网，2021-07-11.

"无感化"德育的方式之一。归根结底，建构式教育是一种以学生为主体、配合文化氛围建设的教育方式，主张学生自己去发现问题、解决问题。建构主义理论包括认知心理学家让·皮亚杰发现的个人建构和利维·维果茨基所主张的社会建构。维果茨基还提出了"支架理论"，强调教师以指导为主，随后逐渐退出。这种方式最终达到学生自主提升的目的，强调学生在构建中能对整体任务主动认知，老师只是帮助学生准确认知，把办法教给学生，最终由学生自己来解决问题，老师发挥的是"支架式"作用。学生在建构中提升了主动认知的能力，从而全面提升学习能力、合作能力、沟通能力、创新能力和意志力。比如，学生在面对创新创业项目时并没有太多的专业知识储备，辅导员鼓励学生不要犹豫不要徘徊，主动承担起项目，主动学习，请教老师和同学，自行通过互联网或到图书馆找资料，到实验室做实验，到市场中去做调查，对实验结果或调查结果进行分析，进而对整个项目进行研究。在整个探索的过程中，逐渐把经验上升为理论固定下来，促进了学生自学，学生在此过程中首先学会"填空"，然后把分散的知识点结构化，最后形成整体的建构思路，在构建思路中完善专业思维，在完善思维下催生试验策略。这种策略不仅可以加强思维的严谨性，而且提升了学生组织项目的领导力、协调力。

自下而上与自上而下的两种管理方式要达到融合，需要管理者与管理对象之间的"意识"磨合。须将管理的目标定位于建构良好的人际关系上，这是创建良好社会关系的基础，人际和谐能满足人的精神需求，精神是否自由决定于认知的水平。马克思和恩格斯合著的《德意志意识形态》中指出："意识一开始就是社会的产物""当然，意识起初只是对直接的可感知的环境的一种意识，是对处于开始意识到自身的个人之外的其他人和其他物的狭隘联系的一种意识""也是对自然界的一种意识""不是意识决定生活，而是生活决定意识"①。可以认为，意识是人的生活、人际和周围环境综合影响的结果，管理就是对人的意识不断进行修正的过程。不同的管理会使人产生不同的意识，例如，处于命令式威权式的管理当中，人就会变得谨小慎微；处于民主氛围当中，人就会从领导或其他主导角色的体验中增强责任感、满足感和幸福感。如果要管理人的意识，就要管理组织形式、组织分工，营造组织文化氛围。辅导员对学生的管理需要将两种模式融合，可以参考我党的民主集中制，这个制度堪称管理智慧的结晶，是"自上而下"与"自下而上"的完美结合。《中国共产党章程》第十条：

　　党是根据自己的纲领和章程，按照民主集中制组织起来的统一整体。党的民主集中制的基本原则是：

　　（一）党员个人服从党的组织，少数服从多数，下级组织服从上级组织，全党各个组织和全体党员服从党的全国代表大会和中央委员会。

　　……

　　（四）党的上级组织要经常听取下级组织和党员群众的意见，及时解决他们提出的问题。党的下级组织既要向上级组织请示和报告工作，又要独立负责地解决自己职责范围内的问题。上下级组织之间要互通情报、互相支持和互相监督。党的各级组织要按规定实行党务公开，使党员对党内事务有更多的了解和参与。

　　……②

---

① 马克思，恩格斯. 德意志意识形态：节选本［M］. 中共中央马克思恩格斯列宁斯大林著作编译局，编译. 北京：人民出版社，2003：25.
② 中国共产党章程［M］. 北京：人民出版社，2022：32-33.

无论自下而上，还是自上而下，有效的管理都讲究在对的地方用在对的人身上。在双向管理中，人的自我意识得到发展，这对用对人很重要。自我意识最初是哲学问题，"去认识你自己"，这是希腊德尔斐神庙上的箴言。伟大的哲学家苏格拉底多次提及并将其作为自己思想的主要内容，目的是提醒人们"审视心灵""承认自己无知"和"自制"，从而正确评价自己。① 我国春秋末期军事家孙武在《孙子兵法·谋攻》中说："知彼知己，百战不殆；不知彼而知己，一胜一负；不知彼不知己，每战必殆。"② 对自己的认识是否准确也会影响对他人的判断，最终影响成功。心理学上关于自我意识的解析，分为"主观我"与"客观我"、"理想我"与"现实我"，可用于分析当前大学生的自我意识。大学生在主观认知与客观上存在差距，在一定程度上表现出浮躁，这需要时间的沉淀和不断实践使其达到沉稳的状态；随着年龄的增长，个体自我意识的发展逐渐分化为自我肯定和自我否定两种方向，由于"主观我"与"客观我"的冲突、"理想我"与"现实我"的冲突常常发生而令个体认知陷入自相矛盾的困境中，当自我意识的矛盾日益突出的时候，就会令大学生产生挫折感，出现行为退缩反应。如果在此时介入自我意识引导，就能在一定程度上帮助大学生提升自我调控的能力，引导矛盾向正确的、恰当的方向转化进而使其自我认知趋于稳定。大学阶段就是人生的"试验田"，大学生只有进入多种实践当中，去不同的团队体验不同角色，才能获得不同的自我意识，从而发展和提升多样化素质和多元化能力。互联网上有很多测试问卷，有一些问卷专业成熟度

---

① 杨莉. 苏格拉底的"认识你自己"对当代大学生迷茫困境的启示 [J]. 作家天地，2019 (11)：62, 67.

② 孙武. 孙子兵法 [M]. 臧宪柱，译. 北京：北京联合出版公司，2015：20.

高，包括智商测试、职业兴趣爱好测试、人格测试等，可以在一定程度上帮助学生提升自我意识，不少专业的心理咨询师也采用这些问卷测评来访者状态。大学一年级是明显的"分水岭"，大学生从入学到毕业总会遇到各种各样的挫折，暂时的挫折有可能使个体陷入自负或自卑，使理智与情绪并存，常常对曾经的做法无法自圆其说，对曾经的想法或者做过的决定后悔，质疑当初的立场，使处于这个阶段的个体出现一种时而焦虑时而抑郁的类似"双重人格"的表现，这两种情绪是自我调适暂时失控的表现，若不及时处理会影响管理效果，应为其提供及时的心理援助。辅导员需要具备辨别学生状态的能力，予以正确及时的心理疏导或心理咨询。正确分辨学生处于哪种状态，才能给予正确的帮助，当学生状态回归到自我意识的主客观基本一致时，才算达到管理的阶段性目标，才能向下一步的目标进发。

第二节　合社会性与合规律性

　　辅导员开展思想政治教育，首先要熟悉与思想政治教育相关的马克思主义哲学、马克思主义政治经济学、科学社会主义、中国共产党历史、马克思主义中国化研究、马克思主义发展史、政治学、中国政治思想史、西方政治思想史、中国共产党思想政治教育史、思想政治教育原理、中国文化概论、国际共产主义运动史、法学概论、逻辑学等理论，同时还要把公共行政管理学、教育学、心理学和伦理学等理论融合使用。当前新情况新问题不断出现，辅导员工作已不满足于将过往经验日复一日地"重现"，而应将众多理论厚积薄发。对理论研究成果的实践转化，是大量陈述性知识向程序性知识转化的过程。实际上，辅导员工作专业化的呈现是不断使用理论又提炼发展理论的过程，使辅导员把事务性的工作与教育教学工作融合，是对"保姆式"工作定位的提升，同时也是对宣传思想政治教育理论与实践科学化的学术定位的提升。华中师范大学张耀灿教授认为，"思想政治教育社会化研究有利于思想政治教育学科体系完善""有利于思想政治教育理论联系实际""有利于思想政治理论的未来发展""能够避免思想政治教育的孤立化和僵化倾向""能够增强思想政治教育的有效性和针对性""真正适应不断变动发展的社会需要"①。辅导员还需要进一步从繁杂琐碎的"资料员"状态跃升为学术指导的"导师"状态，需要提炼、总结和细致打磨工作中的核心技术。

辅导员工作的"合规律性"不仅把源自"合社会"实践的理论付诸实践，还把实践反馈的经验再次上升为理论，表现在既要尊重学生成长成才的规律，又要在指导学生中获取社会需求和自身发展的"平衡点"，把"最合乎规律又最符合在社会中获取需求"的指导作为辅导员攻克学生成长中的这个"不平衡、不充分"壁垒的专业技能。比如，指导学生创业、就业工作，就是难度相当大却又必须面对的实际工作。生命具有周期性，这是生物性特点，生物学家查尔斯·罗伯特·达尔文发现了遗传物质决定了行为的生物性，二战后行为主义者则强调了环境对行为的塑造。生命的发展不仅受遗传因素的影响，还受所处的群体和环境包括人文环境、物理环境的影响，因而形成了具有一定共性规律却又以多姿多彩的个性行为呈现的社会现象。思想政治教育就是在尊重生命规律的前提下，研究处于集体中不同角色之间的个体及其联系的规律，大力发展可持续性的、有节制的、常态化的社会存在规律。学生反

---

① 张耀灿，等.思想政治教育学前沿［M］.北京：人民出版社，2006：455-457.

馈有的辅导员"没有为学生着想""没有尊重学生",很可能只是出于心理落差,是因为辅导员没能把握住学生的"心理兴奋点"。兴奋是决定学生行动的一个规律。如果提前对大学生的心理状况进行研判,则极有可能把握并解决心理落差这一类矛盾。以前靠经验和观察,现在可以通过网络数据帮助解决这一问题。辅导员可利用网络资源把握学生的心理状态。

借用物理学场域理论来认识辅导员工作,其"合规律性"首先要看思想政治教育所掌握的社会存在规律理论是否可用于先知先觉的价值导向性上,在不同的时间和空间以及人际关系中几乎无区别地激发出人的主观能动性,从而表现为在最缺乏条件的情况下仍然保持积极热情的态度以及做出可信可靠的行为。其次,辅导员工作的"合社会性"是意识形态主导的一个整体场域,其螺旋式上升、迂回曲折的发展模式是辅导员自我确证的方式,也是这个工作岗位"认识世界"的思维场域;当转向学生群体时,就成为传递信仰和理论及其所鉴证的问题解决是否行之有效地"改变世界"的实践场域,是辅导员深层探索工作理论的有力支撑,其实践"本体"包括其存在逻辑、特征、基本知识体系以及关键话语等。

一是源于现实的意识形态主导需求。辅导员是马克思主义理论的实践者和思想政治教育的执行人,这意味着指导其工作的理论不断充实完善和壮大必定具有合规律性与合社会性相统一的内在确证,而与其相匹配的问题解决方式生成,也是在自觉坚守的意识形态主导下的政治引领。在此基础上发挥出新时代的引领力,需要以传承为内在前提,以前沿潮流的创新发展为外在目标,确立起具有专业化职能、"疏导式"帮扶能力和人本关怀理念的辅导员工作生长点。

二是源于新时代的理论召唤。马克思主义从来都是实践的理论,而习近平新时代中国特色社会主义思想是马克思主义中国化时代化的最新成果，是党和国家事业不断向前发展的科学指南。习近平总书记指出，"要加强传播手段和话语方式创新，让党的创新理论'飞入寻常百姓家'"①。在高校，也需要发挥辅导员队伍的力量，精准做好理论宣传，引导青年学生守好意识形态阵地，不断在社会主义现代化建设的实践中运用马克思主义立场、观点分析事物，坚定理想信念，与新时代同行共进、建功立业。

三是源于科学发展的自觉意识。辅导员在高校是一个相对年轻的、政治属性较强的岗位，其照顾面之广、工作强度之大以及周期之长使其科学性需求逐渐体现。辅导员工作专业化、职业化的需求不断增加，其发展过程与许多年轻学科一样不仅在规范性、科学性方面反复经受质疑，还需要自我确证，其理论支撑就是科学发展的体现，促使辅导员工作学术化，是为了进一步传承和发展长期以来所积聚的工作经验，把散在的"问题解决"作为学科进行系统的自我确证。

因此，辅导员要自觉坚持辩证唯物主义与历史唯物主义的理论立场、实践观点的思维方式，以万物互联、逻辑与历史相统一、否定之否定的认识原则，系统认识辅导员工作的合规律性与合社会性。即从历史逻辑的角度总结辅导员工作发生、发展的规律，进一步明确新时代为党育人、为国育才的时代需求，对辅导员工作的产生、演变、专业化等进行细致阐释，使辅导员工作切实形成专业化路径，站稳特点优势，确保其在教育中精准发挥效能。

----

① 习近平出席全国宣传思想工作会议并发表重要讲话［EB/OL］. 中国政府网，2018-08-22.

第三节　专一性与开放性

实际上，辅导员开展工作专门做一件事，那就是帮助学生认识自我。无论辅导员的工作内容有多么繁杂、多么琐碎、多么紧急、多么艰难，不管是在记考勤还是写教案，新生适应教育也好，就业指导也罢，无论是对学生而言还是对辅导员本身而言，都是围绕如何"读懂自己"展开一系列工作。人只有过好自己，才敢到世人面前展现自己，才有底气去帮助他人，才有能力去拥抱世界……从哲学角度看，这是在探究人生，也就是去认识自我。哲学家苏格拉底说"探寻自己的本性，认识你自己，未经反思的生活是不值得过的"，赫拉克利特称"我已经寻找过我自己"，普罗泰戈拉还称"人是万物的尺度"，可见，认识自己是一生的课题。辅导员要去帮助一切他知道的学生，"为了一切学生"是辅导员工作的目标，而前提是把一切他所知道的用于学生的教育，时刻准备好处理学生的一切事务。因为每一个学生"小我"的样子就是国家"大我"的样子，每一个学生都有追求美好生活的理想，汇聚每一个学生的愿景就是我们民族的愿景，让我们的国家成为我们心中想要的那个样子，这个重任落在了教育上、高校身上、辅导员肩上。辅导员应给予学生专业性的指导和帮助，发挥教育保障作用，辅导员的职业素养就要体现在"新""强""高"三方面，一是工作理念新，二是工作效能强，三是工作精准度高。辅导员既要帮助学生树立共产主义远大理想，养成良好的道德品质、良好的心态和端正的行为习惯，又要具有维护校园秩序、营造良好学风校风的意识和能力，而且要掌握精准扶贫、就业创业的政策，及时响应时代的号召开展各类社会实践活动，开展赓续红色血脉的相关理论学习和校外参观学习等。在特殊时期要说服学生配合学校开展各种特别措施，关键时期需要做细致的思想政治教育工作，日常关切学生，要求学生配合学校执行各项管理规定，助其不断适应教育教学的最新变化，从而把精力投入学习、工作，最终顺利度过大学生活。

可见，辅导员工作具有"导、合、多"等特点，帮助学生既要合乎社会需求，又要合乎学生个人全面发展需求。辅导员需要以多样化途径，协同多方资源，既要研究生命发展的客观规律、遵循道德法规，又要解决学生全面发展过程中的各种与切实利益相关的问题。辅导员工作需求多、目标多、对象多，且具有横向联系和纵向追踪的多向开放性特点，这些特点决定了其工作范围之广，辅导员独自应对具有一定的局限性，应强调将团队建设作为有效提升辅导员工作质量的方式。

此外，为应对网络开放性特点，辅导员需要特别关注网络上的意识形态方面问题，及时鉴别其中混进的一些不负责任的信息和不良舆论，比如，一些历史虚无主义在舆论方面的煽动，还有用谐音恶搞等现象，均有可能影响高校和社会稳定。此为辅导员工作的"开放性"特点。辅导员应清醒认识到没有两个学生的问题是一模一样的，开放的工作局面应突出个性化解决学生问题，凡事多留一条后路，一个办法往往不适用于解决所有的问题。现从以下三方面探讨这一特点。

一是辅导员工作的开放性特点增加了概念聚焦的难度。心理学家埃里克·埃里克森指出人生八阶段的任务，每个阶段产生的冲突都会引发一定情绪，说明生命是开放的系统，人有多种发展任务。所以网络不是开放性问题的根源，而是使用网络的人的问题，需要指导人针对自身承担的各种角色任务探究其意义，这是一个开放性的过程。全球最有影响力的生涯发展研究者 D. E. 舒伯把人的一生分成五个阶段：（1）0~14

岁是成长阶段；（2）15～24 岁是探索阶段，包括 15～17 岁过渡期、18～21 岁试验初步承诺期、22～24 岁试探期；（3）25～44 岁是建立阶段；（4）45～64 岁是维持阶段；（5）65 岁之后是衰退阶段。舒伯把一生的这五个阶段作为"横向层面"，用"子女、学生、休闲者、公民、工作者、夫妻、家长、父母和退休者"九种角色的生活空间作为纵向层面，绘制出"彩虹图"。辅导员可以帮助大学生绘制自身的职业生涯"彩虹图"，引导大学生探索大学阶段的意义。大学生越了解自己的兴趣和需要，就越能积累一定的专业知识和专业技能，在参加工作后才能迅速融入职场，进入发展和稳固阶段。建立"人的一生都是为职业而来"的思路，辅导员工作需要借助这些理论，提升大学生探索人生的热情。

二是辅导员工作在开展学术时涉及面广导致扫描宽度大。由于辅导员工作从学生入校到学生毕业，毕业后发展二三十年的成绩均可纳入考查辅导员工作成效的范围，因此在学术研究、学术讨论的时候，扫描宽度大。而处于辅导员工作内核的问题解决需要纵深的研究，因此辅导员工作需要同时注意加强扫描技术和聚焦技术。要充分扫描，则需要大数据、互联网的支撑，要充分聚焦开展纵向研究就要加强案例历史性追踪分析。目前，考查辅导员工作的教育效果较有说服力的是毕业生个案去向，培养的人才是否德智体美劳全面发展，成绩是否优异，这需要时间的检验。毕业 3～5 年可以了解到一点情况，但并不全面，只有通过 10 年、20 年追踪个案发展，才有可能把教育和效果对接起来。但是，每个人的成长总有阶段性，成功不仅需要实力，还需要运气。因此，扫描宽度大，加上节外生枝较多，为辅导员工作成效寻找科学依据就显得颇为艰辛。

三是辅导员须全方位帮助大学生。应进行"思政工作全方位联动"，把高校思想政治教育作为一项系统工程来抓，发动学校、家庭、社会一体的互动教育机制，注重培养学生的"爱国之情、强国之志"。运用互联网，帮助学生与不同的老师、不同的部门、不同的团队同时联系，同时完成多项任务。思想政治教育可借助网络便利把时间有效管理起来，促发更多的创新，使学生在"立体式教育"中体验多角色责任，从而增强自我意识。由此，时间不再是碎片化的，需求也不再零散了，地点更不是邂逅，通过人际关系这一个变量，就把时间和地点都整合起来，把任务需求作为自变量，相应的因变量就是事件。所以事件的发生，可以说明人际交往的成效。人们可以在一定的时间内通过不同的人际关系完成多项任务，而有一些交往比较广泛的人，他同一时间内产生的事件就会比一般人更多，从而形成无法估量的价值。然而，在同一时间内完成多项任务仍然受人的"注意力分配"的限制，人类的注意力资源只能有限开发利用，"全方位联动"则可在一定范围内弥补这一缺陷。如果在同一时间内需要处理大量问题，则需要判断事情的轻重缓急，有时"鱼和熊掌不可兼得"，所以仍需要有所取舍。取舍与人的价值观密切相关，辅导员需要观察和掌握学生具体情况，选择适当的场合，去指导和点拨学生的价值观。

第四节　团队发展与各司其职

辅导员工作应呈现"团队化""队伍化""社区化"特征，确保辅导员队伍建设和个人发展进程。辅导员队伍建设不是多个辅导员个体的简单叠加，而是汇聚多个辅导员的特长使其发挥1+1>2的作用。假如团队中每个成员都只会各扫门前雪，就会掉进"三个和尚无水喝"的状态，这种团队往往走不远，优秀的团队成员总是各司其职、优势互补、提升总体意志力、共享成果，最终获得共同进步。

　　辅导员要思路清晰，在工作中注意各司其职，在团队中以具体岗位要求来提升个人能力素质，有序地、科学地开展工作，组建一支专业性强的队伍，使每个人都能各司其职，发挥队伍的优势。辅导员的理论修养应跟上发展步伐，一方面与思想政治理论课教师一脉相承地同步发展理论水平，另一方面增加知识储备和提高教学水平，适当参加相关培训或学位学习，综合提升自身能力素质。辅导员一方面要辩证看待荣誉名利等事宜，另一方面也要磨炼好自身的体格意志，极致发挥体现能力素质的职业技能，争先创优。

　　进入新时代，辅导员要为专业化发展进行新模式探索。团队建设可实现人员优势互补，有利于推广好经验、好做法，推广范围大，推广速度快。但是辅导员日夜忙碌，不仅需要处理各种琐碎事务，而且需要注意各种实务细节，意料外的事情往往紧急，需优先处理，重要的事情往往耗时长，辅导员与当事人需耐心处理。尤其应注意疲于应对时所产生的职业倦怠等问题，团队工作有助于减轻这种问题的威胁。辅导员岗位一直具有流动性快的特点，有的辅导员承受不住烦琐复杂的工作而离职，有的因为通过了学位考试而辞职，有的则转岗去了学校其他部门，而且仍有观点认为什么人都能当辅导员，导致辅导员的自我认同感较低，不乐意学生称呼其为"辅导员"，工作了两三年转岗的辅导员也不在少数，因此要加速辅导员团队工作模式建设，使团队中的辅导员各司其职，提升边界意识，增强其成就感。此外，不同专业背景的辅导员对学生的管理会存在差异，辅导员由于不同性别、年资或专兼职用工形式也会产生不同的工作效果。因此，要加强团队模式探索，促使辅导员优势互补，从制度方面建立起长效工作机制，维护好辅导员的职业初心，提升辅导员的职业效能感、使命感、获得感、成就感和幸福感。

第六章

与其他工作相区别

　　辅导员岗位与学校其他相关岗位不同，不是一般的行政人员、授课教师，也不是一般人认为的心理咨询师。此岗位提供的校内帮助涉及学生几乎所有方面的教育，并且助推对外交流。对于学生出现的或提出的各种问题，辅导员不仅要有足够能力去分析根源所在，而且要帮助学生适应环境，并将问题及时汇报上级，有必要时还应协调相关部门发挥相应职能作用。辅导员需要维持好各种教育教学活动的秩序，激励学生树立远大理想，围绕"德智体美劳"，促进学生整体素质的提高，帮助学生做深度分析，反复检视设计人生的阶段性目标。辅导员在分析学生心理、思想现状时，应持马克思主义立场，以中国化时代化的马克思主义指导实践。辅导员应时常对学生工作何以来、何以去做深度分析，反复检视专业化的工作容量、工作原理、工作驱动力、工作效果等；应定期明确具体辅导内容、配套措施、工作评判标准和发展局限性，通过逻辑自洽推动辅导员工作内生动力的专业成长。

第一节 与行政管理相区别

从 19 世纪末至 20 世纪 20 年代，德国学者 L. Von. 施泰因首先提出行政学，1887 年美国学者 I. W. 威尔逊发表行政学的研究文章，1926 年美国学者 L. D. 怀特系统论述行政学，主张政治与行政分离，实践组织系统化、工作方法程序化、机关事务计划化、工作要求标准化，权责分明、追求时效。20 世纪 20—50 年代，由于科学管理和行为科学的理论和方法不断引进，行政管理学的内容也不断更新，特别是行为科学的兴起，促使行政管理学转向从社会学、心理学、人类学的角度对人的行为和心理因素以及人与周围环境关系的研究，而且更注重激发人的积极因素。从 20 世纪 50 年代起，行政管理有许多新的发展，许多行政管理学把 20 世纪 40 年代以来出现的信息论、控制论、运筹学等理论和方法都用来研究行政管理。总之，国外行政管理的研究综合了诸多前沿学科理论，但终究一切行政活动都直接或间接与国家权力相关，根据国家法律推行政务的组织活动，既管理社会的公共事务，又执行阶级统治的政治职能，重点讲究工作的效能和效率，通过计划、组织、指挥、控制、协调、监督和改革等方式，最优先地实现所预定的国家任务，并达到应有的社会效果，其发展趋势是系统化、科学化、定量化、最优化、流程化、自动化、现代化、信息化。

我国有着 5000 年的文明史，行政模式演变从封建社会君主专制中央集权制到新中国成立后的人民代表大会制度，行政人员的产生从宗法血统准入，到征辟制（指皇帝征聘和官员推荐）选拔，再到科举制选拔，而后到新中国成立后的人民代表大会制度。1984 年开始实行国家行政机关工作人员制度，1993 年 10 月 1 日起实行国家公务员制度，依法履行公职，划分综合治理类、专业技术类和行政执法类，职务分领导和非领导，领导职务是具有组织、管理、决策、指挥职能的职务，非领导职务的公务员不具备这四项职能。我国目前的行政管理吸收了管理学原理、行政学原理、政治学原理、当代中国政治制度、法学、社会学、政府经济学、地方政府学、公共政策等，行政管理人员需熟悉党和国家的方针政策和法规，具备行政学、管理学、政治学、法学等方面知识，用辩证唯物主义和历史唯物主义的基本观点和分析方法，进行系统分析、统计分析、调查分析、政策分析，具有实际管理和科研的能力。我国公务员需要掌握管理知识、政治常识、法律常识、时事常识、人文科技常识等知识。

可见，中西方行政管理文化存在着明显差异，两者根据自身实际情况的需要而发展，也会汲取对方的优点，却难以被对方取代。西方管理文化在技术、经济和军事领域有其优势，而中国管理文化源远流长、博大精深，对每一位中国人产生深远影响，而且不矜不伐，正兼收并蓄着西方国家的管理优势。

在高校，岗位设置一般有专业技术岗位（教师岗位）、管理岗位和工勤技能岗位，其中辅导员岗位兼具专业技术岗位和管理岗位，具有党员身份的辅导员可以在党内任职。学校可以根据需要，使表现突出或年资较高的辅导员晋升领导岗位或其他职能部门的管理干部，或将辅导员转到思想政治专业技术岗位，辅导员也可以根据自己的兴趣和特长选择一直从事这个职业到退休。除此之外，辅导员需要发挥陪伴教育的优势。与行政人员以办公室作为工作主阵地不同，辅导员需要经常深入课堂、宿舍、学生活动中，细致观察学生行为，并且通过谈话、聊天或者问卷调查等形式了解学生个人或群体的思想和心理状况等，并且可以在法律法规和校规的范围内与学生达成共识，共同制定某项工作的具体细则或实施准则。

第二节 非纯粹心理咨询

心理学是研究心理现象的科学，心理咨询是心理咨询师协助求助者解决心理问题，通过使用一定的心理学理论帮助求助者个人重新认知自己与环境，促使求助者认知的改变带来态度和行为的改变。在工作中，辅导员发现改变学生认知并没有想象中的容易，很难像心理咨询师那样把理论转化成现实的工具。马克思说：

> 我们看到，工业的历史和工业的已经生成的对象性的存在，是一本打开了的关于人的本质力量的书，是感性地摆在我们面前的人的心理学……人的对象化的本质力量以感性的、异己的、有用的对象的形式，以异化的形式呈现在我们面前。如果心理学还没有打开这本书即历史的这个恰恰最容易感知的、最容易理解的部分，那么这种心理学就不能成为内容确实丰富的和真正的科学。①

辅导员进行心理辅导时并非纯粹对心理现象重新加工产生新的认知，新的认知需要找到关键点才能使态度发生改变，态度的改变终究也不是百分之百落实到行动的改变上。因此，辅导员主要抓问题解决的过程，借用心理咨询的同理共情等技术。共情可以增强师生之间的信任关

---

① 马克思．1844年经济学哲学手稿［M］．中共中央马克思恩格斯列宁斯大林著作编译局，编译．北京：人民出版社，2000：88．

系，但绝不能解决一切问题。辅导员需对"非病"状态的思想问题进行疏导教育，比如，开展实践育人、文化育人等。社会实践不仅加强了大学生的能力锻炼，更推进了其世界观、人生观、价值观的完善，行为约束和个性品格等的自我养成；文化育人是通过营造文化氛围在潜移默化中发挥导向性作用，文化育人实际上是"集体无意识"主导的结果。"集体无意识"是心理学家卡尔·荣格的发现，超过了他的老师弗洛伊德的"无意识"理论。荣格认为，无意识不仅存在于个体当中，而且存在于集体当中，这种集体无意识有可能是祖祖辈辈传下来的一种经验或记忆，也可能是某个团队长久沉淀升华的文化氛围。

　　心理咨询是一门技术，需要高智商、高情商的介入，比如，要通过测试掌握个性品格的技术。这是具有很高的技术含量的技术，首先要对人的情绪进行判断，正常的情绪变化逻辑是随着情境的变化而变化，"喜怒哀乐悲恐忧"是不同情境下的常见反应，如果出现不常见的反应且持续时间在两周以内，有可能是对新环境不适应引起的。比如，刚入校的新生可能因高考没考好对所在大学专业不够满意，或初上大学不适应，还有可能是因为学习内容和难度剧增。又比如，到了毕业阶段的学生可能需要同时处理的问题较多而打乱了复习升学节奏；或有的专业设置不合理相较其他专业过于繁忙；等等。如果持续时间较短，通常只是一般心理问题，不能随意下"障碍""精神疾病"等诊断。如果情绪持续时间长于两三个月，则考虑转介心理咨询。如果躁狂或抑郁的性格一直存在，而且与外界格格不入，特别是出现对外界的反应与认知极度不符合常理和逻辑的情况，则要请专业机构的医师根据病与非病的原则和必要的检查手段对其症状严谨地界定，辅导员由于没有诊断资格不可随意自行诊断，如果判断失误就会使学生错贴"标签"或延误病情。

　　教育部等十七部门印发通知指出，坚持全面发展、坚持健康第一、坚持提升能力、坚持系统治理的基本原则，五育并举促进心理健康教育，将以德育心、以智慧心、以体强心、以美润心、以劳健心作为守正创新的心理健康教育之主要任务。① 教育部思想政治工作司 2023 年工作要点指出，"加强心理健康教育师资队伍建设，鼓励有条件高校提升教师配备标准"②。心理健康教育与心理咨询不同，心理咨询对场地条件的要求相对固定，对布置内在环境要求较高，而辅导员一对一开展工作的场地相对灵活；心理健康教育是课程模式，符合辅导员一对多的工作特点。心理健康教育是基于心理学理论的自我意识教育，把发展心理学理论运用于职业规划教育中，为辅导员开展"生命周期"教育、分阶段提供理论支持。心理学理论中有许多关于情绪情感的学术研究成果具有现实指导意义，无论是培养意志力，还是处理现实中的"两难"选择，这些丰富的理论研究均可导向性地指导学生成长，但在使用时仍需要甄别和筛选，合理运用。比如，心理学家劳伦斯·科尔伯格设计"两难故事法"考察儿童面对伦理困境的选择，他向儿童讲述海因兹偷药的故事：海因兹由于贫穷缺钱，为救重病母亲而偷药，被药店老板告上法庭。科尔伯格让受访儿童代入"海因兹"这个角色谈自己的选择并解释理由从而总结归纳出"三水平六阶段"的道德理论，受访儿童的选择体现了他自身的道德观或法律观。用这个故事也可以测评大学生的道德意识和法治意识，但是在效仿科尔伯格使用两难故事测评之前需要对故事本身进行修改，在施测过程中需要向学生反复强调和澄清测试意图，以防误导学生做出非法行为。两种选择的利弊均应告知被测学

---

① 教育部等十七部门关于印发《全面加强和改进新时代学生心理健康工作专项行动计划（2023—2025 年）》的通知［EB/OL］. 中华人民共和国教育部政府门户网站，2023-05-11.

② 教育部思想政治工作司 2023 年工作要点［EB/OL］. 中华人民共和国教育部政府门户网站，2023-02-21.

生，指出学生现有认知的不足并提出加以改进的建议。因此，辅导员开展心理辅导工作并不能单纯采用心理咨询的方式，而是在进行思想政治教育的说服教育时，通过交谈，向学生挑明教育目的，详细告知其应有的实际事物的总体认知，尤其要教会其对环境和形势的分析判断，提升其觉悟。如果遇到突发事件，可以帮助学生先正面认识并且暂时忽略对负面的评判，然后平复焦虑或慌乱情绪。辅导员要关注个体情绪的强烈程度，比如，观察其呼吸、心率等，进而做行为调节，从而增强教育效果。

　　辅导员在开展线下工作之余，还应加大线上比例。教育部思想政治工作司 2023 年工作要点指出"升级高校学生心理健康管理动态分析①与会商指导②信息化平台动态监测功能"③。具有计算机语言能力的辅导员仍比较稀缺，目前辅导员运用网络平台仅停留在活动直播、课程储放、问卷测评和记录活动图片、视频以及相关活动评论等水平上，如果加强了人机互动，网络教育将呈现大不相同的局面。这不仅对从业人员各方面的能力素质有着更高更深的要求，而且在前沿技术上也提出了新的要求。网络运用本身就是一项挑战性极强的工作，在辅导员事务性管理工作中增添网络要素，是对辅导员全新的挑战、全面的挑战、难度极高的挑战。网络作为一种工具，辅佐发挥对辅导员的导向性作用，促使辅导员专业化技能的发展体现在使用先进工具上。比如，在心理辅导工作中开发人工智能，可弥补面对面心理辅导工作的不足，且考虑周全避免泄露隐私产生的负面影响。同时，如果越来越多的大学生接受线上的

---

① 动态分析是在静态分析的基础上加入时间维度，因此可根据变化走势预测可能发生的现象。

② 会商指导是指教师通过与学生交流，了解学生情绪后对学生精准指导。

③ 教育部思想政治工作司 2023 年工作要点［EB/OL］．中华人民共和国教育部政府门户网站，2023-02-21.

心理辅导，那么，辅导员分析网络大数据的能力就需要同步增强，对大学生心理状况做出数据化处理，从而进行统计分析，可更好地把握群体规律。

第三节　高质量开展党建工作

教育部思想政治工作司 2023 年工作要点还指出，"推进高校党建与事业发展'一融双高'"，即"深入探索党建与事业发展深度融合、以高质量党建引领高质量发展的方法路径"①。高校发展学生党员需完成"三会一课"，并且通过培训制度，培养党员的坚强党性和高强意志，促进学生党员养成真本领，使其扎扎实实地投入工作、学习、生活中，与时俱进。辅导员应同以习近平同志为核心的党中央保持高度一致，积极响应党中央的号召，指导党员、发展对象、积极分子、共青团员、学生骨干和其他广大青年学生学习党史、新中国史、改革开放史和社会主义发展史，学史明理、学史增信、学史崇德、学史力行。此外，党建工作还重在抓落实，辅导员应专注于引导学生把学习心得与学习成果转化为工作动力与工作成效，发展党员应重视个人入党动机，以打造精良党支部为目标，把学生党支部的团队目标、团队管理和团队教育与党的新时代号召对标对表，不折不扣地高质量完成。应建立学习型党支部，促使支部围绕初心使命形成常规理论学习和努力工作习惯，提升每个团队成员的意志力，以发展党员为抓手，推进全体同学齐心协力、目标一致，发挥党支部的战斗堡垒作用，想方设法把支部每个人的有限精力激

---

① 教育部思想政治工作司 2023 年工作要点［EB/OL］. 中华人民共和国教育部政府门户网站，2023-02-21.

发出来并拧成一股绳，发挥不可估量的潜在力量，力求与成长需求相契合。还应严格把握党建细节，比如，发展党员应注意考察积极分子和发展对象的入党动机、思想觉悟、党的相关理论学习成效、专业学习成绩、专业技术和操作技能水平、参加各级各类文化体育知识竞赛成绩以及在学生团队中的任职情况、人际交往情况、担任学生干部的锻炼情况以及相应的师生评价情况。辅导员应把握日常打磨学生意志的机会，才能在关键时刻促进党员发挥先锋模范作用，从而带动全体学生营造积极活泼、富有创造力的团体氛围。100多年前，伟大的马克思主义者、革命先驱李大钊先生号召青年以"青春之我"创建"青春之国家、青春之民族"，当前习近平总书记也反复号召新时代的中国青年"增强做中国人的志气、骨气、底气，不负时代，不负韶华，不负党和人民的殷切期望"①。可见，青年群体的培养是教育的战略性任务，辅导员就是要将这些积极的精神灌输给青年。而本身作为青年的辅导员，也要带头响应党和国家的号召，肩负起民族复兴伟业，加大工作投入力度，认真落实各项教育方针，久久为功。

开展党建工作，重在党性教育，实施显性教育，即把先进的理论显性地实践于日常管理和教育中。日常学生管理占据辅导员大量的时间且烦琐复杂，辅导员应合理安排时间，使工作科学化，可加强培训上岗，明确辅导员岗位要求，促使其形成工作目标和工作思路。指导学生骨干带头学习党的相关理论，并把马克思主义哲学思维的丰富内涵、内在逻辑和精神实质在辅导员工作的过程中讲清楚、理明白，与学生共同成长。辅导员无论是在事务管理上，还是在校园文化活动和创新创业就业指导上，尤其是在党员发展工作上，都需要通过细节来表达辩证唯物主

---

① 习近平.在庆祝中国共产党成立100周年大会上的讲话［N］.人民日报，2021-07-02（2）.

义立场和扎实的马克思主义中国化时代化的理论基础，而且要确保整个过程是公平公正的，确保优秀学生脱颖而出。要为学生着想、急学生所急，多创造条件与学生讨论理论，自己首先要将理论学深悟透，然后精准传授，为同学们解疑释惑，用实际行动表明自己的态度和立场、能力和信仰。在日常生活中，辅导员应努力成为学生的朋友，与学生交流谈心，掌握其思想动态，鼓励和表扬先进，树立优秀典型和标杆，动员学生学习热情、工作主动，以学生党员带动全体学生进步。辅导员必须公平公正对待每一位入党积极分子和发展对象，将发展党员标准作为宣传党的理论的机会，确保党建工作做到学生满意、组织放心，完成基层党支部使命。帮助学生骨干处理好学习与工作的关系，解决好党的理论学习与专业学习的关系，恰恰也是考验辅导员党性所在。学习和工作效果不仅可以考察人的态度和能力，还可以考察人的意志力和信仰。学生日常事务管理烦琐，反复考验辅导员的耐心和细心，在这个过程中，及时完成工作并为学生解决各种困难，为各类困难学生提供帮扶，促进师生和谐相处，这些都是辅导员做实事的表现。在心理健康教育与咨询工作中培育学生理性平和、积极乐观向上的健康心态，运用网络新媒体方式对学生进行思想引领和学习指导。在生活中加强心理咨询辅导，给予学生最大的心理支持，及时参与处理校园危机事件，要做到事前有预案、事后稳局面，把控事态发展，争取化危为安。总之，党性修养就是立足本职工作，爱岗敬业，讲原则、做表率、精益求精，对党忠诚，矢志不渝，与人为善，永远保持一颗公仆之心。

党建工作还要引导学生学习和弘扬伟大建党精神，正确认识时代责任和历史使命。辅导员开展工作要熟悉党史、新中国史、改革开放史和社会主义发展史（以下简称"四史"），准确把握在新的历史方位和新发展阶段下党的要求，怀揣远大理想和抱负，脚踏实地、开拓创新，成为又红又专、德才兼备、全面发展的新时代思想政治教育者。中国共产党已取得反帝反封建的新民主主义革命胜利，建立了中华人民共和国，实现了民族独立和人民解放，转眼间，新中国已成立 70 多年，经历改革开放 40 多年，如今又取得了全面建成小康社会的卓越成就。中国共产党继续为实现中华民族伟大复兴持续奋斗。成功的背后是英雄们前赴后继的努力和付出。据不完全统计，从 1921 年到 1949 年，全国牺牲的有名可查的烈士就达到 370 多万；在脱贫攻坚斗争中，一共有 1800 多名同志将生命定格在了脱贫攻坚征程上。这些英雄很好地诠释了伟大建党精神，为争取民族独立、人民解放和实现国家富强、人民幸福的美好愿景而全力以赴。习近平总书记在庆祝中国共产党成立 100 周年大会上，总结概括了我们党在百年奋斗历程形成的"坚持真理、坚守理想，践行初心、担当使命，不怕牺牲、英勇斗争，对党忠诚、不负人民"的伟大建党精神，其内涵丰富、意义重大、意境深远，深刻揭示了中国共产党的特质，是我们全面认识和准确把握"中国共产党为什么能"的一把金钥匙。辅导员要响应党的号召，学好"四史"，"学史明理、学史增信、学史崇德、学史力行"，从而更好应对前进路上各种可以预见和难以预见的风险挑战。弘扬伟大建党精神，才能更好地认识矛盾开展斗争、争先创优获取胜利。比如，在社会主义改革和建设时期形成的抗美援朝精神、北大荒精神、红旗渠精神、大庆精神、铁人精神、雷锋精神、焦裕禄精神、王杰精神和"两弹一星"精神，到了改革开放和社会主义现代化建设新时期形成的改革开放精神、特区精神、女排精神、抗洪精神、抗击"非典"精神、载人航天精神、抗震救灾精神、北京奥运精神等。每一个精神背后都有一段惊心动魄、振奋人心的故事，都是能跨越时代、感人至深的故事。还有在中国特色社会主义新时代形成的塞罕坝精神、劳动精神、劳模精神、工匠精神、探月精神、新时代北斗精神、抗疫精神、脱贫攻坚精神……一个个都是奋进新时代的震撼人心的故事。辅导员将这些催人奋进的故事用于开展爱国教育、素质教育，激励遇到困难的同学，提醒同学们正因为有了这些奋进者，我们才有当今和平的环境和安稳生活，每一份工作都来之不易，要清晰地认识到人的品格意志可以创造奇迹，帮助学生坚定"四个自信"。实现共产主义理想是我们党从创立至今一直坚守的信仰，践行初心使命，勇于担当，体现的是我们党本色依旧的特质，激发同学们职业的终身理想。

辅导员在党建工作中还应秉持新发展理念，不断锚定新目标。中国共产党将马克思主义理论与中国具体实际和中华优秀传统文化相结合提出"创新、协调、绿色、开放、共享"的新发展理念，集中体现了党对经济社会发展的科学认识，对解决发展动力、公平正义、发展方向和发展着力点等问题的决心。当前，教育是最大的民生工程，关乎每一个人面向未来的事业，高等教育的公平和质量问题已然成为大众关注的热点。如何确保高校的教育教学保质保量地进行，应与新发展理念对标对表。每一位辅导员都要秉持新发展理念，加大力度激发高校大学生创新创业思维，形成可持续的生态观，积极创建公平公正的处事方式，立足一方又放眼世界，保持开放的心态，加强校内校外互动交流，增加多种渠道走高质量发展的路子。除了以往开展的各种文化体育竞赛以提升大学生综合素质，还要加大促进大学生科技创新的力度，为解决好"关键领域创新不强"的问题，抓早、抓小，把星星之火的创新意识燎原成一片片的创新行动，开展多种形式的回馈社会的实践活动，根据实际需要开展培训和组建志愿服务队，激发和提升学生为人民服务的共享精神。辅导员必须在做好繁忙的本职工作的同时打开工作思路，把创新意识、生态观和共享精神融入日常管理工作、教育理论传播、谈心谈话和各式各类的实践活动中。

第四节 创新就业是重头戏

习近平总书记曾号召："我们要让有创新梦想的人能够心无旁骛、有信心有激情地投入创新事业中。"① 他在党的二十大报告中强调，"必须坚持科技是第一生产力，人才是第一资源，创新是第一动力"②。马克思和恩格斯在《德意志意识形态》中写道：

> 鱼的"本质"是它的"存在"，即水，河鱼的"本质"是河水。但是，一旦这条河归工业支配，一旦它被染料和其他废料污染，河里有轮船行驶，一旦河水被引入只要简单地把水排出去就能使鱼失去生存环境的水渠，这条河的水就不再是鱼的"本质"了，对鱼来说它将不再是适合生存的环境了。③

可以这样理解，事物一直通过革命的形式使自己的存在同自己的本质保持协调一致，所以个人也会和所处的环境通过"自我净化、自我完善、自我革新、自我提高"的方式保持和谐的状态。这是一个"不断学习—实践—认识—再学习—再实践—再认识"的循序渐进的过程，

---

① 杜尚泽，张晓松.一项历史性工程：习近平总书记调研京津冀协同发展并主持召开座谈会纪实［N］.人民日报，2019-01-20（1）.

② 习近平.高举中国特色社会主义伟大旗帜 为全面建设社会主义现代化国家而团结奋斗：在中国共产党第二十次全国代表大会上的报告［R/OL］.中国政府网，2022-10-25.

③ 马克思，恩格斯.德意志意识形态：节选本［M］.中共中央马克思恩格斯列宁斯大林著作编译局，编译.北京：人民出版社，2003：42.

成为"自我学习—反馈—自我休整—自我学习"的循环过程。比如，个人要达到自由而全面发展的状态就是要使兴趣爱好与这个职业的要求相匹配，这个过程只有加入了创新才能达到"人职匹配"状态。新中国成立初期大庆铁人王进喜被誉为"中国铁汉"，东北松辽石油大战打响，王进喜率领 1205 钻井队以"宁肯少活 20 年，拼命也要拿下大油田"的顽强意志和冲天干劲，打出了大庆石油会战第一口油井，创造了年进尺 10 万米的世界钻井纪录，"有条件要上，没有条件创造条件也要上"是王进喜的"口头禅"，大庆精神、铁人精神已经成为中华民族精神的重要组成部分。新时代的劳动者不仅要了解、传承劳模精神，更要传承坚持和创新的精神，在职业中不断创新才能体会到源源不绝的获得感和幸福感。中华优秀传统文化崇尚"和美与共"，正如世界人类学家费孝通先生所言，"各美其美，美人之美，美美与共，天下大同"，尊重多元文化，促进彼此欣赏、合作、和谐，共同进步，为追求"美"而激发出创新潜能。这与中国共产党"为人民谋幸福、为民族谋复兴"的初心使命以及"把我国建成富强民主文明和谐美丽的社会主义现代化强国"的伟大目标是相契合的。辅导员工作也具有"为人民谋幸福、为民族谋复兴"的时代担当，带领每个大学生一起将实现自由而全面发展的"个人梦"与社会发展的"中国梦"统一起来，共同为构建人类命运共同体而努力工作。

辅导员开展思想政治教育工作的实质是为"人的自由而全面的发展"做贡献。马克思主义的唯物史观、唯物辩证法和剩余价值学说为人们科学地揭示了以社会为本体的人类发展规律，指明了人类社会发展的正确方向和实现人格自由解放的现实道路。马克思恩格斯指出，生产力决定生产关系，生产关系反作用于生产力。每个人都向往自由，每个国家都希望有强大的社会生产。但是地球上可以为人类所用的物质资源一直很有限，这就限制了人类的无限发展。物质是世界的本源，是客观的、实际的，物质既是生产的开始又是生产的产物。在资本主义社会大生产中，由于物质远比任何一个时期更大量地投入生产中，蒸汽机、电力、计算机的相继问世大大促进了生产力的发展，大大提升了生产的产量从而促进了物质的丰富。同时，由于生产力决定生产关系的发展，生产社会化催生出具有多重身份的个人必然带来更多的活动。人类往往为了追求更大的自由而开发不可知的物质为己所用，所以制造了很多先进的工具，使生产力又促进了人类更大程度的自由。随着物质的不断丰富，人类得到了更多的自由，首先表现在人身的解放上。在游牧民族那里，以往骑马就能使人获得很大的人身自由，到了今天"无人机"的快速普及不仅减少了马的使用，更呈指数级地提高了游牧的效率，又大大提升了游牧人自由的状态。这是计算机、互联网等先进工具的介入帮助人们得到了更多的人身自由，精神上的自由也随之释放，因为物质决定精神。人的精神世界是社会的、生活的，是求知、审美、娱乐、情感的合一，可广泛涉及哲学、自然科学、文学、艺术等几乎人类生活的全部领域，是人类区别于动物的一个根本性标志。通常，符合道德的、约定俗成的是自由的精神，但自由应以不侵犯他人利益为底线，比如，偷盗、诈骗、抢夺、勒索和垄断等属于违法犯罪行为，这样不劳而获去霸占资源，既损害他人的利益又害人终害己，所以无论人身自由还是精神自由均需要法律法规来保护和限制。人要达到自由状态首先需要身体健康；其次应构筑良好的社会关系，培养良好的情绪、情感和情怀；最后促进人全方位的发展，从而实现自由的最大化。人类自由的状态以及对更高自由的追求是社会生产水平提高的反映，是促进社会整体发展的动力。社会生产的发展得益于创新。

辅导员要帮助学生从内部认识自我主要矛盾，找到自身弱点所在，工作越是繁忙，越能找到自身短板才越有机会改善弱点。而社会需要多面手，人才要培养多元能力，不仅为了考试才去积累专业知识，还要学会培养批判性思维，形成创新意识才有可能促进创新能力发展。我们常常认为要培养大学生强大的学习能力，才能激发其科学研究的意愿和行动，但反过来，科学研究也能促进大学生学习能力的增强。考试分数不足以证明大学生的能力水平，而往往在实践活动、科研创新中才能综合考验人的能力。要培养大学生自觉学习的心理，也就是激发其自身学习的需要，就要帮助大学生讨论什么是学习心理，使其充分认识心理活动的重要性，扬长避短、先易后难、目标明确、意志坚定。新时代需要崇高的使命感、直面问题砥砺前行的勇气、提高效率的智慧和策略，在学习、生活、择业、交友等具体方面激发解决问题的紧迫感，增强吃苦耐劳的意志力。在培养学生党员、积极分子和学生骨干时，鼓励学生不要怕压担子、被误解、被质疑，应鼓励自觉，提高觉悟，把完成团队任务当成无成本的训练。"共产党人不惧怕任何风浪，不怕存在问题，就怕有问题没发现，发现了不能及时解决，不解决问题就是形式主义，对问题听之任之就会误党误国。"[1] 人在认清了事情的真相后，则更容易勇敢地面对生活和工作，让自己的人生变得更加有意义。辅导员应提升大学生自行解决自身问题以及帮助他人解决问题的能力，学会站在他人的角度，从更高更深的层次去认识事物的本质，不断增强责任意识和奉献精神，以社会问题为导向开展教育活动，比如，校园文化活动、志愿服务活动、社会实践活动、创新创业活动等，均可以针对提升不同的能力而设计。召开主题班会、个别谈话可以对个体潜移默化产生影响，使道德分析、道德教育最终内化为学生的自觉行为。面对网络不良信息的冲

---

① 李浩燃. 使命是方向，问题是导向 [N]. 人民日报，2018-01-17 (5).

击，辅导员应充分发挥主观能动性，把力量动员积聚起来，积极行动，提升解决问题的能力和素质。为解决问题，应想方设法提升自己的学习能力、创新能力，学习一些系列理论知识，特别是面对一些瓶颈问题，尤其需要创新去解决。辅导员关心大学生使命责无旁贷，特别要解决大学生理想信念模糊、浮躁不端、言行失范等问题。

不断探索创新育人模式，提升创新创业就业"一体化"的意识和能力。这意味着辅导员开展工作的时候，一是要关注不同发展阶段所遇到的新情况新问题；二是要勇于面对困难和挑战，力透问题背后的实质；三是要有方法有策略，根据以往从问题导向至问题解决所形成的系统的知识体系，帮助学生不断提升认知水平。思想政治教育贯穿人才培养全过程，零敲碎打不行，每一个教育环节都需要发挥学生的"主体"角色作用，形成"一盘棋"格局。要把好马克思主义中国化时代化理论教育，用习近平新时代中国特色社会主义思想铸魂育人，使马克思主义和民族复兴成为学生信仰。思政课作为落实立德树人根本任务的关键课程，是进行思想政治教育的"主渠道"，辅导员要与思政课教师一道成为学生健康成长的指导者和领路人。辅导员是马克思主义的实践主义者，不仅要配合好、服务好"主渠道"，更要模范地传承思政理论，同时推动和落实各项育人措施，将"灌输"和"疏导"结合起来，为党育人、为国造士。而高校领导、各职能部门人员、专业课教师以及社会各界要"全员、全程、全方位"投入思想政治教育工作中，加强顶层设计，扎实推进"教书育人—创新育人—文化育人—服务育人"一体化，辅导员切实做到引航育人，全力辅助学生参与到创新创业就业中去。

高校正逐渐负起创新担当，科技创新能力是人才的核心能力，如果发展慢了，就会出现西方国家对我国政治经济"卡脖子"的问题。西方国家之所以在上两个世纪实现快速发展，是因为从第一次工业革命到第三次工业革命，竭尽所能去使用新技术、新发明，推动了生产工具的创新，使生产力迅猛发展，世界资源被高度垄断使用。如今，中国已成为世界最大的信息通信技术生产国、消费国和出口国，中国将在以绿色为主题的第四次工业革命中扮演重要角色。尤其在互联网的猛烈推进基础上，高校思想政治教育对创新的激励正在加快步伐，高校辅导员引航育人，就是要适应生产力迅猛发展的需求，建立良性的生产关系，从而赶上"科技创新"这个步伐。通过引导学生体会发展中"卡脖子"的问题，真正把主体意识和能力充分发挥出来，"不平衡、不充分"的社会主要矛盾才能得以真正解决。第四次工业革命，在电力、信息网络高度发展的基础上，创新、协调、绿色、开放、共享是核心生产力。如果说网络能让世界发生一日千里的变化，那么绿色会限制资源过度使用，协调可解决发展不平衡，开放则提醒内外联动，共享就会促进社会公平正义实现，那么世界的发展会更美好。而辅导员应切实实现引航导向职能，首先，要充分认识网络。网络的影响已经日益触及世界的每一个角落，把整个地球变成了一个"村"，人与社会的发展进步不断呈现新的方向和目标。如果在教育中仅将网络用于记录信息，比如，学生的活动，把图片和现场报道换成视频，重复播放不仅没有更多的意义，而且浪费了"信息"如此精良之工具。将工具用好的最高境界无异于庄子关于"天道"所言，"不徐不疾，得之于手而应于心"。比如，将人工智能技术用于辅导员工作中将呈现何种局面？人工智能是人与计算机"交流"的能力，辅导员不具备这项技能则工作智能化也就无从谈起。就目前的情况而言，大学生创新创业的发展呈现不平衡不充分的状态，有很大一片前沿领域仍无从涉足，正是辅导员发挥引航导向职能的最好机遇。

教育模式颠覆性变革催促辅导员工作模式的创新。信息与大数据的运用在于思维和意识的变化，以往科研总是先假设而后采集数据，大数据恰恰相反，往往是记录了大量已发生的行为后形成数据，从而引导出一个可能的结论，而只要对此结论加以某些因素的控制便能指导后续的行为，从而发挥数据的使用价值，使用价值一旦发生交换就会产生价值增值。这种数据分析方式使科学研究大大缩短了收集与分析的过程，如果数据具有使用价值，价值增值后产生利润，最终也能成为商品。商品是科技成果转化的目标之一，而数据正逐渐成为企业的生产资源。"变革创新是推动人类社会向前发展的根本动力。谁排斥变革，谁拒绝创新，谁就会落后于时代，谁就会被历史淘汰"①，"不创新不行，创新慢了也不行。如果我们不识变、不应变、不求变，就可能陷入战略被动，错失发展机遇，甚至错过整整一个时代"②。我国教育需要创新、开拓，开展这方面的工作同样需要壮士断腕的精神，需要革新的、颠覆性的理念，需要打造一支全新的队伍，需要整个模式发生改变，只有这样才能追赶新时代的步伐。近年来，高校兴起工作室建设，有的观点认为要注重成功模式的推广，有的则以刷新前沿、内容新颖为创室理念，但是目前大部分工作室可能脱离不了对之前已有的日常工作的"复制粘贴"，工作室建设所需的基础设施"硬伤"依然存在。期待这些工作室与学生社区建设一体化，使资源共享，为解决学生更多的新情况新问题而不断建设与完善，尤其是能提出科学的解释以及提供科学的解决方式，还能为辅导员减负，以构建工作室、书院制、实验室等新模式为契机，注

①　习近平. 开放共创繁荣　创新引领未来：在博鳌亚洲论坛 2018 年年会开幕式上的主旨演讲［EB/OL］. 新华网，2018-04-10.
②　全国科技创新大会　两院院士大会　中国科协第九次全国代表大会在京召开［EB/OL］. 中国政府网，2016-05-30.

人更多新的教育理念、更多科学有效的方式去管理团队，归根结底是要为学生服务。总之，辅导员的引航育人功能应充分发挥出来，否则我们就无法真正引领学生跟上"第四次人类工业革命"的步伐，我们就体现不出中国高校培育新时代人才的责任担当，也就发挥不出具有中国特色的中国智慧与中国方案的优势。

第七章

工作支点

辅导员工作具有重要历史使命，撑起辅导员工作的往往不是名利，而是职业能力和素质，尽管大家已达成共识开展能力培训，但力度仍不够，还需要探究更多的工作"支点"。支点，是物理学概念，阿基米德说过，"给我一个支点，我就能撬动地球"。事实证明，辅导员工作需要稳妥的"支点"，要根据实际情况全方位找准"支点"，然后调整"杠杆"，才好精准发力。每个阶段的学生都需要补充不同的教育"能量"，辅导员要适当调整教育"供给"思路；同时，因辅导员个人精力有限，又要处理复杂问题，而解决问题的难易程度不同导致处理结果也不同，切不可用蛮劲，更不可"一本通书读到老"。引入"支点"这个物理概念，就是希望因势利导、因地制宜找到科学解决问题的"窍门"。参考提升重物的滑轮组合装置的原理，其定滑轮与动滑轮的不同数量组合与绳子连接支点的不同配合，可巧妙获取两倍到三倍拉升物件的力量，还可以改变使劲的方向。辅导员开展工作如果也找到支点，那么就会事半功倍，可以效仿滑轮组装置解决问题，使费劲的事情得以轻松解决。滑轮组之"巧"，就在于绕线，固定一个滑轮，把绳子和其他滑轮配合绕线，形成不同杠杆与力臂"支点"，两者配合改变拉力。当支点与杠杆不协调时，滑轮组就不仅不省力还会很费力，只有改变缠绕滑轮的绳子才能重新获得滑轮组强大的提升物件的力。辅导员工作能否专业化就在于是否找到这个滑轮组装置的支点且合理调节杠杆，最终达到不同的提升效果。辅导员的职业素养与职业能力就是提升工作威力的"支点"之一，其他支点可一一开发利用。

第一节 练就忠诚慎独特质

职业素养是一个人从事职业应有的态度行为与责任意识，包括职业形象、专业能力等。比如，忠诚是共产党人应有的崇高的政治品质，这种品格素质意味着不折不扣办实事、全心全意为人民服务、具有强大的不屈不挠克服困难的意志力，这要靠实力当道、靠责任担当、靠法律约束、靠道德默化、靠实践锤炼，总之来之不易。由于辅导员具有政治属性，因此，忠诚党的事业也是辅导员工作非常重要的"支点"，是辅导员非常关键的职业素养。辅导员要在思想上、行动上牢固树立对党忠诚的意识，积极成为学生的典范，引导学生深入学习习近平新时代中国特色社会主义思想等马克思中国化时代化理论，自觉配合治国理政新战略、新思维，投入中国式现代化的建设中，帮助学生践行社会主义核心价值观，不断坚定道路自信、理论自信、制度自信、文化自信，使之形成正确的世界观、人生观和价值观，掌握学生思想和行为特点与意识形态状况，有针对性地帮助学生处理好思想认识、价值取向，努力使之成为德智体美劳全面发展的社会主义建设者和接班人。

党的建设坚持以人民为主体，"人民就是江山，江山就是人民"，辅导员开展工作的哲学本体论思维就在于人的德育活动。而"人的德育活动具有载体性"，德育活动已成为"人类特有的文化积淀、德行进步和素质提升的中介"①。辅导员对党忠诚，表现为心系大学生，时刻激发大学生的教育主体意识，帮助大学生解决问题。大学生作为人民群众的一分子，也作为社会中先进群体的一员，应充分参与德育活动以全面提升自我约束能力，明确自我约束重在全面发展，明确德育育人的"本体"功能。哲学本体论（Ontology）最初由 17 世纪德国经院学者戈科列尼乌斯提出，用抽象的概念讨论先在的存在逻辑，先后有众多古今中外哲学家研究过本体论，争论世界的本源是物质的还是精神的，西方如亚里士多德、笛卡儿，是形而上学本体论者，莱布尼茨和他的继承者沃尔夫、康德、黑格尔、胡塞尔是先验本体论者，海德格尔是基本本体论者，哈德曼是批判本体论者，马克思则强调，"人的本质并不是单个人所固有的抽象物，实际上它是一切社会关系的总和"②。社会是什么？是人的各种形式的集合体。人是什么？"古希腊哲学不能把人与世界，包括社会的关系自觉地纳入本体论视野，不能科学解决事物的有限存在与世界的无限发展的关系，不能正确说明本体的现象形态与本质形态的关系等一系列矛盾问题……不是上帝创造了人，而是人创造了上帝，是人将自己的本质赋予了上帝，因而人才是世界真正的主宰和本体，人是世界存在的根本价值所在。"③ 那么，可以说，人之所以能自我约束是因为人本身就具有改变事物的能力，之所以要动用改变事物这个能力，是因为人的社会化，人与人之间之所以能构成人际关系是由于自身主体性为了完成或已完成的某个事物，即能动地适应或变革世界客观。那么，在帮助学生的过程中形成本体论思维就是辅导员忠诚开展思政工作

---

① 张澍军. 学科重要理论探索：我的 18 个思想政治教育见识见解 [M]. 北京：中国人民大学出版社，2018：39.

② 中共中央马克思恩格斯列宁斯大林著作编译局. 马克思恩格斯全集：第 3 卷 [M]. 北京：人民出版社，1960：5.

③ 张澍军. 马克思主义研究论稿 [M]. 长春：吉林人民出版社，2004：17.

的一个"支点",其功能在于把握主体,认清事物源头及其发展中遇到的各种矛盾,快速更新相关理论知识,及时调整工作思路,贯彻执行相关政策,使自我约束达到慎独的境界。

慎独,语出《中庸》:"莫见乎隐,莫显乎微,故君子慎其独也。"就是说:一个独处之人,只有把自己的本体功能发挥到极致,才能切实做到慎独,这种品质需开展实践培养,辅导员工作就是要解决学生本体功能的价值观问题,是由人生观引发形成的世界观。儒学大师刘宗周认为,"独之外别无本体,慎独之外别无功夫",表达了慎始慎终的价值观正是建立在"独"的本体基础上的"功夫"。在高校中,辅导员可以通过各种各样的社会实践活动来促进学生价值观的完善,包括"专业的教学实践活动、丰富多彩的校园文化活动和校外的志愿服务活动"[①]。慎独的培养,无疑是辅导员工作的另一"支点"。

辅导员不仅自身要忠诚慎独,也要培育学生养成忠诚慎独的个性品格,常常有意识地提升学生觉悟,尤其体现在发展学生党员工作中,发展的党员应在学生群体中发挥先锋模范带头作用。发展党员之前需要一段时间对发展对象进行考察,关键看其动机、初心和使命,是否正确理解党员的权利与义务,是否遵循民主集中制原则,还应遵守党纪党规,树立底线思维,全过程激发其主体意识,终究要看其是否对党所处的历史方位和历史责任具有较高的觉悟。因为思想上的高觉悟会带来行动上的自觉,从而发挥出巨大的主观能动性。辅导员开展工作要走群众路线,努力增强教育管理党员的说服力,提升每一位党员的战斗力,汇聚形成党支部的战斗堡垒。党支部要定期按规定组织党员召开"三会一课",确保每一位党员学好新形势下的政治理论,并培育党性。忠诚慎

---

① 张耀灿,等.思想政治教育学前沿[M].北京:人民出版社,2006:304-316.

独是党性形成所必需的人格特质，可见，党性培育是辅导员工作的又一"支点"，辅导员应注重培养学生党员的谨慎作风，使之练就忠诚慎独的特质，以党建带团建，以团建带班级，培养大学生主体意识和自主行为，使之最终达到正确的自觉自为状态。

第二节　掌握问题解决本领

在辅导员工作中，问题解决是核心技术。首先从教育主体、客体、环体和介体四个角度，对辅导员工作的属性、维度、支点和特征进行细致梳理和分析，通过评判工作质量得出构成辅导员工作专业化的元素以及科学的工作路径，丰富高校育人理论，为实践提供依据。人们经常用以思考问题的概念或观念，与思维本体论密切相关，自从人工智能和数据库广泛应用以来，人们对本体的认识拓宽、加深。本体研究是哲学思维范式，是追溯根源的切入点。而所有这些切入点有着共同的特点，那就是问题。各种对于问题的讨论方式源于问题当事人对问题的认识受到某种思维范式的支配，比如，"唯物主义"和"唯心主义"就是两种立场截然不同的思维范式，直接影响随后的解决措施。在帮助问题当事人解决问题的过程中，还要受到社会舆论的评价。在这里用数学的思维，问题是自变量 x，行为结果是因变量 y，思维范式是 a，社会舆论评价是常数 b，可列出方程式 $y = ax + b$。解题的公式程序化了。当一个问题解决，它常常伴随新的问题产生，就算价值中立，也会受到社会舆论影响从而产生新的行为反应，进入下一个问题解决的循环。1922年，美国哲学家库恩第一次系统提出，"把科学作为人的一种社会活动及其历史发展过程的问题，把科学认识论范畴扩大到社会历史范畴，在不同的思维方式支配下，人会产生不同的方法指导行为"。在问题解决前，首先明确教育主体和教育客体，"随着思想政治教育的发展，逐渐出现越来越多的问题和局限性，遭遇到越来越多的困惑，产生越来越大的消极作用，成为其发展的绊脚石，造成思想政治教育效率低下，有时甚至表现出无能为力，影响到思想政治教育可持续发展，这种现象让思想政治教育工作者忧心忡忡。因此，解决好主体性思想政治教育问题和局限性，是摆在思想政治教育者面前的一个历史性的课题"①。

思想政治教育工作还具有流动性特征，教育主体和教育客体在实际问题中不断变换。比如，当解决意识形态问题时，学校领导是教育主体，辅导员也是教育主体，学生是教育客体，学生应遵守党和国家以及学校的规定，辅导员提出明确的要求并宣传正确的主张；当解决学生的个人问题，特别是求助解决的时候，学生又成了教育主体，同时也是教育客体，学生自己教育自己，辅导员是从旁指导和帮忙的角色；还有一些活动，辅导员是教育主体，部分学生也是教育主体，比如，组织活动的学生干部和参赛选手并不都是教育主体。教育主体表达的是对问题解决的（主动）发起，有的学生感觉自己有必要教育或者接受教育，那么他就会主动地对自己或者对他人展开教育或者聆听教诲，而且收效不错，说明他具有"主人翁"精神。对那些本应负起"主人翁"精神来解决问题实际上却表示与己无关者，辅导员就要负起教育主体责任对此类学生展开批评教育。

辅导员工作是高校育人的重要一环，其工作也离不开教育"环体"。环体，指影响教育的环境和情景。思想政治教育学者认为，"思想政治教育环体由外部的物理环境和内在的人文情境组成"，大力开发

---

① 张耀灿，等. 思想政治教育学前沿［M］. 北京：人民出版社，2006：368-369.

和利用思政教育的"环体"因素，是提高思想政治教育实效性的重要途径。思政教育环体"分为大环境、中环境和小环境，大环境指生活于特定社会中的现实的个人的思想必然深刻地受到他所处的那个时代的国际国内社会政治、经济、文化的影响，这些国际和国内的政治、经济和文化因素就构成了当下国内外思想政治教育的大环境；中环境是指现实的个人所在单位的基本状况、规章制度、单位理念所组成的人文环境，这种人文环境就是单位基本精神状态，它对生活于其中的现实的个人的思想品德的形成，有至关重要的作用；小环境主要指现实的个人所在的家庭的基本生活理念、家训家风等，他对一个人的成长成才起着潜移默化的熏陶作用"①。实际上，思政教育"环体"提示了受教育者不仅受文化的影响，还受生态的影响。文化，是前人居住过的场所、使用过的物件、举办过的活动等，对生活在当下的人们在精神方面产生影响，比如，宿舍文化、校园文化、课堂文化、文体文化等。生态，不仅是指生物在一定自然环境下生存和发展的状态，还指人活动后对周围环境产生的后续影响以及在此当中的生物保护情况，还有生物之间互动、融合等的综合状态，比如，自然生态、室内生态、周边生态等。后来逐渐引申为人与人之间是否和谐相处之意，反映一种社会性的风气，体现人类活动产生的后续影响是激励还是抑制的综合反映，比如，政治生态、网络生态、科技生态等。辅导员善于运用教育"环体"，意即重视生态、保护资源，可发挥隐性思想政治教育的作用，以潜移默化为特征。从宏观方面理解为遵守党和国家的方针政策，积极表达出"富强、民主、文明、和谐，自由、平等、公正、法治"的社会主义核心价值观，受教育者可主动参与学校工作，为管理和发展出谋划策。从微观方

---

① 雷骥. 文化自觉视域下思想政治教育环体的创设［J］. 学校党建与思想教育，2016（7）：24-26.

面理解为展现出"爱国、敬业、诚信、友善"的社会主义核心价值观，体现出自强不息、积极乐观、奋发前行的精神面貌，从言行举止、处事风格等方面激发带动作用，鼓励学生自觉提升解决问题的能力和素质，亮出党员身份或干部身份，走群众路线，开展批评与自我批评。可见，这些思政教育的"环体"所提供的教育元素为辅导员工作开创了很大的空间。

除了善用教育"环体"，还应注重教育"介体"，教育"介体"指教育内容和教育方法，包括文字、网络等。当前，辅导员思想政治教育工作与心理健康教育已存在着越来越多的重叠，管理学和统计学在逐步增加其各自占比。目前辅导员是连接学校与学生的桥梁，无论采用何种理论工具，均需要提升人对事物的认知，实现"无意识—意识—意志—注意—随意"的转变，需要运用很多心理学的知识。当前，心理学已越来越多地被用于管理学，管理心理学是研究人的行为规律及其潜在心理机制的学科。而统计学又占据了科学心理学的几乎全部基础。很多管理的经验如果得不到科学的提炼就会逐渐被淘汰，同理，辅导员的工作经验若得不到提炼升华成理论，也一样会被淘汰，而辅导员的理论却需要厚积薄发。一直以来，各大高校已积累了很多辅导员工作的经验，但是很多并没有被传承下来，其原因就是缺乏科学提炼，加上辅导员岗位流动性大，从事辅导员工作的人员就像流水的兵，专治"疑难杂症"的技巧就没有被传承下来。当前应以"创新、协调、绿色、开放、共享"的新发展理念去帮助学生解决问题，一些灵活的、随机应变的技术需要通过创新的方式被妥善地保存下来，否则就会被当成过时的旧物废弃。当前，网络已成为辅导员工作的"支点"，随着互联网和大数据的广泛应用，辅导员可利用自身丰富的工作经验，加上行业特有的前瞻意识，配上先进的计算机手段，收集学生学习、生活以及参加各类社会实践活动、志愿服务活动和科研活动等数据，加上学生主持的各类调查所得的数据构成"大数据"，用统计学知识去综合分析隐含其中的各种规律，激发学生的社会责任意识、主动学习的动力以及源源不断的创新意识，培养学生敢闯、敢创的奋斗力、意志力和行动力，同时，提升各种应对风险的能力。很多经验表明，意志是人类特有的心理状态，每当遇到困难的时候，这种心理状态的重要性便凸显出来，这是人的普遍特性。但是，不同的人在不同的状态下，意志又存在着或大或小的差异性。提升意志这种心理状态是顺利完成事情的助推器，也是人际和谐的润滑油。弗洛伊德是精神理论的开拓者，因提出"人类的精神结构分为意识、潜意识、无意识三个领域的模型"而举世闻名。复旦大学的俞吾金教授研究指出，弗洛伊德对马克思的共产主义学说采取了激烈批评的态度，把他的心理分析方法理解为比马克思的历史唯物主义理论更为根本的文化或意识形态的分析方法，认为心理分析方法的第一个最重要的发现是"一个无意识的心理实体"，"这个无意识理论，作为对叔本华所开创的唯意志主义思潮的进一步发展，对当代意识形态学说的演化产生了不可低估的影响"。我们在研究马克思的意识形态学说的传播和发展时，必须注意到这个重要倾向。① 实际上，弗洛伊德作为精神病医生、神经学家，其研究的是具有精神病态的个案，剖析的是人在被压抑的欲望状态的不同阶段、不同程度、不同形式的表达，这种个人的"意志"精神状态是其"无意识"在被意识后的表达。与之相比，马克思对"意志"的研究对象是站在具有阶级性立场的人类，是宏观的、显性的、从个人上升到集体的意愿表达。马克思认为，"在现实的历史中，那些认为权力是法的基础的理论家和那些认为意志是法的基础

---

① 俞吾金. 意识形态论 [M]. 北京：人民出版社，2004：196-198.

的理论家是直接对立的"，"个人的完全不以他们的单纯'意志'为转移的物质生活"，是"国家的现实基础"，"他们的共同利益所决定的意志的表现，就是法律"，"只要生产力还没有发展到足以使竞争成为多余的东西，应该还不断产生竞争"，"被统治者有消灭竞争，从而消灭国家和法律的'意志'……当（生产）关系发展到足以产生这种意志的时候，意识形态家就会把这种意志想象成纯粹随心所欲的，因而在一切时代和一切情况下都可能的东西"，"不是国家由于统治意志而存在，而是个人物质生活方式中产生的国家也具有统治意志的形式，如果统治意志失去统治，那么不仅意志发生变化，而且个人的物质存在和生活也发生变化，而且只因为这一点，个人的意志才发生变化"①。可见，人的意志实际上与物质存在和生活密切相关，个人巨大的意志力甚至可以改变世界。古已有云"有志者，事竟成"，五千年的中华优秀传统文化中对人的意志之大就有着充分的肯定，传说中有愚公移山、精卫填海，古人有"头悬梁""锥刺股"，近现代有万里长征、抗美援朝等，这些故事均表达了意志可产生巨大威力。强大的意志力可以提高专注度，当人们高度注意某种事物时，就会聚集几乎所有的精力，调配所有能动用的资源去专注地应对，这种高度的专注可产生巨大的动力，是自觉的付出，其产生的巨大能量必然推动事物的发展。具有强大意志力的人提升了人所感受到的痛苦阈值，生物学方面认为是肾上腺素或多巴胺分泌所致，往往能使人超出常规甚至突破极限，克服困难，更能坚持下来持续地应对困难和渡过难关。当事物发展一旦进入轨道则形成滚滚的潮流，就可成为不可逆转的发展之势，人趁势而为就可以节省下来很多的精力和能量，这时就可以再去注意其他事物，注意的事物多了，视野就会由

---

① 马克思，恩格斯．德意志意识形态：节选本［M］．中共中央马克思恩格斯列宁斯大林著作编译局，编译．北京：人民出版社，2003：108-109.

窄变宽，能力从弱小变强，从而变得游刃有余、得心应手，甚至随心所欲，从而进入自发随意状态。因此，辅导员发挥思想政治教育的隐性教育功能时，可以从关注学生的"无意识"线索着手，从观察他们的兴趣爱好特长着手，到培养和激发他们对某些事物的无意识转化为意识，帮助他们组织相关活动目的在于强化意志力的训练，有意识地指导学生在整合资源的过程中锻炼出"领导力"，因为领导力最能强化意志力的方向性和力量性，所以特别需要强调学生发展"领导力"这项技能。领导力是指掌握资源、调配资源、善用资源（同时具有主动保护生态的底线意识）的综合能力；强大的领导力可进一步激发出可靠的执行力，"言必信，行必果"，正能量的结果又强化了更多注意力的集中付出，挑战极限从而练就扎实的本领，形成朝着伟大目标无畏、负重前行的职业素养。

辅导员还可以采用策略法帮助学生解决问题，意思是把问题解决者的最初状态认定为当前状态，采用一定程序把各种认知和技能组织起来，最终达到目标状态的过程指导。最先提出问题解决程序的是教育家杜威，他总结出五个步骤：意识难题存在—收集材料—提出假设—拒绝或者接受假设—形成结论。除了程序管理，目标管理也是问题解决的一个支点，是把目标分成数个子目标逐一攻破的策略，或者从问题的目标状态开始搜索，直至找到通往初始状态的通路的逆向策略。训练发散性思维和集中性思维，使两种思维模式实现自由切换就是策略，辅导员可以经常提醒自己做好总结，比如，是否有应对此类问题的专家、是否有参考价值的问题解决策略、是否有科学措施和有明显成效的成功案例。辅导员应主动了解问题，对发现的问题进行分类，对不同类型的问题制订预案，因此，预测管理是前置性的管理，可以根据所出现的问题来选择问题解决的策略，还可以初步预判措施是否具有可持续性的作用，并在事后评价此法价值，这其实就是以问题为导向的问题解决的理想状态，是综合经验认知与理论运用的全过程。学生问题分类可以按"四象限法"进行，以"重要"为横坐标，以"紧急"为纵坐标，将问题纳入"重要而紧急""重要不紧急""紧急不重要""既不紧急也不重要"四个象限。学生可能出现的紧急状况，并不仅限于抑郁或焦虑等状态引发的伤人伤己意外，还应注意心脑血管疾病发作等引起的意外情况，这些明显属于"重要而紧急"的事件常常需用到集中性思维。辅导员的策略关键在于识别问题的敏感性和准确性，反应要够敏捷，丝毫不可因质疑或犹豫而迟疑，一旦有知识储备不足、经验不够等因素干扰就会影响判断，如遇急病就会耽误抢救，这种失误还会引发纠纷。对有一些看似"既不紧急也不重要"的事情，辅导员也不要掉以轻心，因为这些事情很可能向紧急或重要转化。这就考验辅导员的发散性思维和预警意识。发散性思维是辅导员工作最需要的思维，就是举一反三、一物多用，充分发挥想象力是创新意识的源泉，特别适合用于学生团队建设中的问题解决。

合理做好个人和团队规划，需找对"支点"才能实现团队对总体目标的坚持。实际上，做好规划的目的就是更好地发展团队每个人的能力和素质，良好的学习心理是大学生最需要养成的能力和素质，这也为创新素质打好基础。创新需要不断学习，就是要毫不犹豫地打破固有的思维结构，加入新的认知模块丰富原有的知识结构到达新的认知平台从而萌发出创新能力，是自我提高的过程。健康积极的创新无疑会推动社会发展，社会的高质量发展成就了个人的自我实现，这就是循序渐进的学习过程，也是一个不断自我反思修正的过程。学习心理学有助于克服前进路上的各种阻碍，阶段性的成功使人达到阶段性的自由状态。怎样理解自由？对于过去的游牧民族，驾着马匹工作就是一种自由的状态；

而到了网络时代的今天,"无人机"可替代人驾着马匹放牧,使游牧民族达到了更加自由自在的状态。所以,自由首先是思维的自由,在网络时代就要发展发散性的网络思维,提高媒介素质。媒介素质的发展有助于提升"时—地—人"的资源统筹,在相对有限的时间里完成更多的事件,使辅导员工作不断推陈出新,发挥多头对接的特点,提升工作的专业化水平,这就要创新工作机制。除了使辅导工作提高效率,还应避免"杂物柜效应",即杂物柜越多造成堆积的杂物也越来越多。辅导员工作不仅要做加法,还要做减法。随着网络的广泛使用,辅导员应意识到网络是可以改造世界的"生产力",而不是被网络制造重复的麻烦。辅导员工作不能脱离网络,否则就会丢失思想引领的阵地。但如果对网络认识不足,那么就会被网络海量的信息淹没,网络的触觉就会变得不敏感。当今"地球村"式的人类社会发生的变革是深刻的,人与社会的发展进步不断出现新的方向和新目标。比如,大学生在进行职业规划时,可以充分利用网络资源,长期缺乏对网络信息加工处理将很难在未来的工作中取胜。因此,做职业规划,能体现人的媒介素质。除此之外,人的素质发挥还需配以团队工作制度保障,工作流程顺畅,工作偏差减少,确保措施精准到位,辅导员更省心省力,无疑能创造良好的团队氛围又能令人身心愉悦,运用好发散性思维和集中性思维,从而为创新能力的养成提供条件,为解决问题打好基础。

辅导员工作提升预警能力更能发挥导向性职能,其关键在于抓到"牛鼻子",对现实中已存在的问题或者仍处于萌芽状态的问题可敏锐地觉察出来并尽早做处理预案。这种技能的养成一方面是基于之前积累的工作经验,而另一方面可以从现有的制度中获得信息。学生工作的规律也是"唯物的""历史的""实践的",经常研究可弥补辅导员带有主观性的经验不足的缺憾,虽然预防式研判往往会因超出一定预算范围而缺乏精准性，但一旦出现意料中的问题，就能有备而来、胸有成竹。务必尽量避免"等"的思维，等问题出现了再来研究，局面就变得被动了。缺乏预见性不行，但天马行空也不行，再有经验的辅导员也不可能对所有问题都能预判把控，因为意外的事情总会出现。但高年资的辅导员往往比别人更快注意到意外，这源于经验的积累，也归功于发散性思维的活跃，更快找到问题的根本，并对"因"治疗。应急能力强的辅导员会先"治标"，稳定事态后"治本"。无论何种方式，在解决处理过程中均应做好阶段性总结，防止同类问题再次出现及其带来的后续影响。思想引领还需具备"等车"思维，意思是为了准时到达某个目的地就要提早至少半小时出发，或者在规定的时间内没有等来该到的"车"，就要改变思路，按提前做好的两手准备进行，预警学生可能出现的各种问题，防止意外发生，预警思维配合发散思维的作用可以达到"诸葛亮的锦囊——神机妙算"的效果。与预警思维配套使用的是底线思维，尤其是违法违纪的问题是不允许出现的，学生一旦触及就要受到法律法规的严厉处罚，或者深陷难以收拾的局面，辅导员应不厌其烦地提醒学生遵守法律法规，尽管在这个过程中学生难免产生各种抱怨情绪。诚然，预警机制又成了辅导员工作的另一"支点"，把握住这一支点就能大大提高驾驭各类问题的本领。掌握解决问题的本领在一定程度上体现了辅导员的专业能力和专业素质，归根结底仍然是洞察力、意志力和行动力的完美结合，切实发挥对教育对象的导向性、引领性作用。

第三节　制度保障不可或缺

教育部资料显示，辅导员的最早称谓是"政治指导员"，源于黄埔军校时期的政治工作制度。南昌起义之后，以周恩来为书记的中国共产党前敌委员会在起义部队中首先建立了中国共产党的组织，在各军各师设党代表和政治部，在团营连设政治指导员。辅导员最早出现在党在江西瑞金创办的中国工农红军大学，即后来的抗日军政大学，是我国高校政治辅导员制度的萌芽。辅导员工作岗位的设置在我国的教育发展中经历了以下发展历程：1952 年，教育部颁布《关于在高等学校有重点地试行政治工作制度的指示》，开始有计划地设置政治辅导处，对高校教师和学生进行政治思想教育。1953 年，为了加强学生的思想政治工作，清华大学率先提出在高校设立政治辅导员，选拔思想觉悟高、业务素质好的高年级学生和青年教师"半脱产"从事思想政治工作。[①] 1961 年国家出台"高教六十条"对加强高等学校政治工作发挥了积极作用，使得学生政治辅导员制度建立起来。"文化大革命"期间，高校政治辅导员制度被取消，至 1978 年我国恢复高考，从此，高校也开启了学生管理工作建设，学生事务管理指导性纲领基本形成，学生事务管理细节的规章制度相继发布。1982 年 3 月教育部颁发《高等学校学生守则（试行草案）》，1990 年颁发《中共中央关于加强高等学校党的建设的通知》，2004 年中共中央国务院发出《关于进一步加强和改进大学生思想政治教育的意见》，2017 年教育部相继发布 41 号令和 43 号令。时至今日，辅导员已明确是高等学校教师队伍和管理队伍的重要组成部分，具有教师和干部的双重身份，在职责要求、选聘配备、培养考核等方面均有了比较明确的规定。

纵观众多政策具有三个特点。首先是由"全"到"细"。"全"是全面、全员、全方位，"细"是细分育人环节和精细化提升教学、科

---

① 教育部思想政治工作司. 高等学校辅导员工作概论 [M]. 北京：高等教育出版社，2011.

研、实践、管理、服务、文化、组织等各方面工作水平，建立长效机制。其次是在继续加强大学生思想政治教育的同时，积极探索素质教育，利用管理与约束的手段，引导大学生坚定社会主义信念，走中国特色社会主义道路，积极做中国特色社会主义的建设者和接班人。最后是实行管理标准化，对大学生统一指导、同质化管理，使学生事务管理注重理性至上的管理理念。

目前，相较于以美国为代表的西方高等教育，我国辅导员工作在逐步加强和改进大学生思想政治教育，体现的是中国特色社会主义制度的优越性。与西方教育比较，给予学生具有中华民族特色的人本关怀，随着近年来西方心理学理论逐渐创新性地运用于我国教育实践当中，人本关怀的方式方法越来越显现并且更丰富有效。具体而言，辅导员要从大学生最关注的问题着手，依据新发展理念，打造"创新、协调、绿色、开放、共享"的精神家园，踏实践行社会主义核心价值观，营造积极活泼、生动向上又互助互爱、诚信友善的校园文化氛围。如果缺乏完善的教育系统，那么规章制度的制定和执行就会困难重重。其中，辅导员的思想政治素质、政策理论水平、业务能力、职业素养、工作绩效等相关的理论研究与工作考核容易形成"两张皮"现象，需要有机结合起来，考核指标仍需系统化和多维立体化，使之可持续发展。近年来，辅导员职业能力大赛、辅导员年度人物评选、最美辅导员评选，以及辅导员工作室创建等多样化创新在一定程度上推动了辅导员的职业发展，但辅导员工作仍缺乏本质性的水平提升。在这些竞赛或评选当中，资深辅导员的话语权有待同步提升，学生工作领导和思政课教师的话语体系并不适用于辅导员的思政工作，与学生谈心、聊天、进行心理辅导时，真正具备一线实战经验的辅导员点评或发言仍不多见。

可能，因辅导员工作尚缺乏权威性的理论研究成果，以及大量现有的学术成果仍缺乏在辅导员工作中有效转化，辅导员工作的幸福感和获得感有待进一步提升。

新时代辅导员工作专业化职能需要得到更多的制度保障。辅导员工作越来越需要进行团队建设，实现人员优势互补，推广好经验、好做法，推广范围和推广速度都比以往需求更大。但是辅导员日常忙忙碌碌，不仅需要处理各种琐碎事务，而且需要注意各种实务性工作的细节，几乎每一件小事都是重要细节，会影响成败，往往紧急优先解决的总是计划外的事情，若辅导员疲于应对则产生职业倦怠，在争取团队荣誉和开展学术交流方面容易淡漠以对。有的学术交流强调的方面重复性高，当讨论到某些学生个案时又不易聚焦共性，缺乏整体结构性，就容易沦为泛泛之谈，各吐苦水，讨论的成果其实也不易推广，学术氛围因此不易形成。在实际工作中，辅导员岗位流动快，甚至仍有一些观点认为辅导员岗位可以由各种层次的人员担当，而两三年内转岗的现象也不在少数，应避免"辅导员专业化职业化"成为一句口号。新时代辅导员专业化需要探索新模式，应重视高校辅导员岗位出现的一些共性问题，比如，工作状态受学科思维影响，还会受到性别、年资、专兼任等因素影响。有些辅导员承受不住工作的繁忙而离职，有些因为通过了学位考试而辞职，有些则转岗去了学校其他部门。以上种种因素制约了辅导员工作的专业化。能力素质的养成需要将个性化与标准化融合，辅导员队伍可将人员特点和优势组织起来，发挥每个人的特长，通过专业化新模式探索，对其制约因素进行团队的合理化"稀释"。比如，通过调查研究，梳理出符合辅导员工作的新时代模式的评判标准，既有和思想政治专业课教师共性联系，也有辅导员开展思政工作的自身特点。鼓励辅导员工作以团队形式来开展，从学术方面提炼、总结、讨论并创新更多的辅导技术，从制度方面建立起长效的辅导员工作机制，进一步完善顶层设计，维护好辅导员的职业初心，大力提升辅导员的职业获得感、成就感和幸福感。

第八章

进程标准化

长久以来，高校的制度化建设已形成对大学统一管理的文化，使日常管理秩序化、评价标准化，凡事做到有章可循。严密的制度有利于指导和规范学生，有利于高校思想政治教育牢牢把握住正确方向，将意识形态的领导权掌握在党的手中。规范制度管理，往往可以对一些不合时宜的做法及时纠正、适当完善并进行政策微调，便于形成长效管理机制。但随着时间的推移，学生在各方面获得的经验得到增长、个性不断发展，大学生事务管理就会变得复杂起来，单纯的自上而下的"命令—执行"会不同程度地限制学生创造性思维的发展，而单纯的自下而上的"请求—应允"的管理，过于强调民主而不注重集中，无异于"放羊"，久而久之就会丢失了思政"阵地"。因此，需要对管理在"管"与"放"之间设定规范的进程，制定执行的标准。

第一节　工作专业化

辅导员与学生既是教育者与受教育者的关系，又是管理者与被管理者的关系。辅导员是连接学校各部门与学生群体之间的桥梁，辅导员开展工作需要发挥专业化职能。专业化，意思是专门为某个特定领域设计或发展的知识；职能，意思是"人、事务、机构应有的作用"，辅导员专业化职能就是指辅导员在帮助和指导学生这个领域所应有的作用，通过对辅导员工作"何以来""何以去"进行专门研究和设计，包括专业化的工作内容、工作原理、工作驱动力、工作周期等。此外，辅导员工作专业化应明确具体的工作地点、工作环境、工作对象、配套服务的工作评判标准和工作程序，经常研究讨论辅导员专业发展的动力、能力和活力等。

辅导员专业化职能首要地表现在分阶段地引导学生做好生涯规划上。中国共产党的初心和使命是"为人民谋幸福、为民族谋复兴"，因此，辅导员发挥专业化职能首先是在党的领导下，围绕各高校中心工作去辅助学生、指导学生学习党的理论、方针和政策，从生涯规划着手，促进学生全面发展。同样是研究思想政治理论，辅导员不同于思政课教师之处就是要实质性地用好理论，做好实践教育，在方方面面引导大学生落实各种教育理念。辅导员身兼思想政治教育、党团建设、危机干预、安全教育、心理健康教育等数种职能，而心理健康教育又包括自我认知、人际交往、学习、爱情、抗挫、团队建设和职业生涯规划等方面的心理辅导，这些"方方面面"又具有相辅相成、相互联系的特点。所有努力终将落足于学生的毕业去向上，因此，辅导员需要对每个学生科学有效地进行职业生涯规划并对其进行四到五年追踪，这不是随随便便像中小学生应付家庭作业那样就可以完成的教育指导，而是基于对职业生涯的精深认识。大学生对整个人生的安排，除了专业课教师给予专门的职业理论和职业技能之外，适应社会所需的非常关键的职业素质、职业情感、职业人格和职业自觉等知识需要学生通过自我设计和自我训练来获得，既要极致地发挥智力因素，也要发展非智力因素。每个人要尽可能在谋划的时候高瞻远瞩，在自我发展中发现疏漏，及时亡羊补牢，在紧急情况出现时要避免危害，在稳定状态的时候则修补短板。

辅导员的专业化职能要在调适和引导大学生的情绪上发挥作用，关注其以往的情感经历，分阶段进行大学生的情感认同培养与行为习惯养成。塑造大学生的行为习惯与情感认同应符合社会主义核心价值观养成的要求。最终应把大学生的情绪管理与毕业就业结合起来，学生毕业后就应积极地投入建设中国特色社会主义现代化强国中，要努力做到以德智体美劳全面发展的社会主义建设者和接班人的姿态走出大学校门。学生毕业后无论就业创业还是升学，都要考虑进入职场锻炼，这就需要辅导员培养大学生职业意识和职场行为，包括学习如何自我实现和团队实现。学生毕业进入各自的工作岗位后，辅导员不可能再去帮助他们，但是辅导员可以在其在读期间设计活动帮助大学生有意识地去接受教育，从而提升职场素质。比如，组织大学生参加社会志愿服务活动，开展社会调查，开设课后趣味运动和团队主题游戏，通过各种角色体验感知不同团队角色所发挥的"职能"。当前，高校中的学生社团丰富多彩，学生在不同的团队当中担任不同的角色，可以体验不同团队角色的职能，体会不同的团队目标，提升自身的团队意识和合作能力，提升办事效率以及工作效果的关注度。总之，辅导员做好从学校到职场对学生的全过程教育，不仅体现了一种"全生命周期"的人本关怀，还体现了辅导员专业化职能的发挥。

辅导员专业化职能在于提升工作的哲学含量，这既不是单纯的知识理论的堆砌或直接引用，也不是局限于日常事务中仅有的一些经验升华而来的理论，而是辅导员通过哲学思维，具备把世界每一个角落都审视一遍的眼光和思索问题的头脑，引导学生形成正确的世界观、人生观和价值观，认识自我，努力超越自我。目前辅导员工作规模已越来越大，说明学生规模以及出现的问题也越来越多，如果缺乏专业化水平，那么规章制度的制定和指导学生执行也会变得困难重重。辅导员的功力除了体现在日常行政管理上，还体现在课堂教学、科学研究、活动点评上。除了开设思想政治教育课程，也可以开设心理健康教育课程，举办各种主题教育进行活动动员、比赛点评与活动总结，运用多种哲学理论，包括思想政治、心理学理论等，对学生开展理论教育，解析现象、纠正错误观点与行为。

辅导员专业化职能只有达到理论与实践相结合较高水平时才能快速有效地识别学生的状态，特别不能因为个别案例的出现而泛滥了对其他学生个案的辨识以致错贴"标签"，尤其对有基础疾病、精神疾病和心理障碍的学生要尽早知晓，比如，掌握学生包括心脏病、糖尿病、抑郁症之类的病史，进行专业培训，通过训练才能提升有效鉴别的能力。辅导员应具有初步判断学生是否处于身体、心理乃至精神方面疾病状态的能力。还要辨别"抑郁"和"内向"，这是两个不同的概念，前者是情绪，后者是性格，两者在现实中可能都表现为"不爱说话"，但是区别在于抑郁会表现出一系列的"行为抑制"，比如，日常不想上课、不愿意参加班集体活动、没有食欲、失眠，严重者连洗澡、刷牙这些最基本的生活都自理不了，很多日常安排因此被打乱了节奏。如果此类情绪持续时间较短，很可能是一般心理问题，如果持续时间长于两三个月则需要转介心理专业人员处理。如果躁狂或抑郁的性格一直存在，而且与外界格格不入，特别是那种对外界的反应与认知极度不符合常理和逻辑的状态，一定要请专业医学机构的医师根据"病与非病"原则和必要的检查手段诊断，把握诊治机会，才能得到有效处理。勿对并非疾病状态仅仅是出现思想偏激或情绪化的学生给予"过度治疗"，应根据实际情况进行严格的情绪诊断和心理疏导；特别需要留意经济困难的学生，应给予其合理疏导和政策支持。如此分层分类、根据实际情况而为，才能精准帮扶，少走弯路。注意筛查潜在案例、收集个案情况、建立档案、制定台账、追踪管理。如果发现学生出现"福利依赖"现象，应给予一定的批评指正。

辅导员专业化职能还体现在创新工作机制上。在教育中新问题、新要求不断出现，就像运动场上发球不断，辅导员则像运动员接球一样忙，还时常出现多头同时对接的情况，巴不得有三头六臂。有必要增加技术型辅导员人数，不仅仅提升辅导员的能力素质，更重在培训提升辅导员的发散性思维。比如，指导学生开展创新创业项目、动员学生主动设计研发项目邀请专业教师指导、开展丰富多彩的校园文化体育比赛或活动，既帮助了学生成长，也帮助了辅导员自我完善和提升。

第二节 实效标准化

辅导员开展思想政治教育工作不同于一般行政人员，开展心理健康教育也不是心理咨询，辅导员如果在党内任职，则需要将较多时间用在党务上，比如，发展党员、开展理论学习。如何去标准化衡量辅导员开展思政工作的实效呢？根据《现代汉语词典》，"标"是指"树木的末梢"，标准是指"衡量事物的准则"，可以计量，可以统一规格，是几乎所有人都共同认可的测量方法。[1] 根据这一解释，辅导员开展思想政治教育工作的可视化部分可以分解出来并且量化。无论辅导员自身还是领导或者其他来校评价人员，总是要对辅导员工作有一个清晰的认识，

---

[1] 中国社会科学院语言研究所词典编辑室. 现代汉语词典 [M]. 7 版. 北京：商务印书馆，2016.

在一定时期内要对完成的工作有一个定量的分析，明确是否已在规定的时间内完成了事情。通常要把握住以下可视化的指标进行判断。一是学风建设，包括课堂秩序与课堂行为、校园秩序、宿舍文化氛围、食堂行为、校园生态保护状况含垃圾分类工作成效等。二是学生成果，包括优秀分子、先进个人和优秀集体的案例，取得何种级别的奖励，是否参与科研，是否主持调研或者发表论文，是否参与创业项目，是否参加文化体育艺术活动以及是否获得省市级奖项。学生的可视化成绩表现为包括学业成绩及其学分与排名、奖学金获奖情况以及学生的任职情况，参加学生会、团支部和班级的工作成绩，开展活动的次数及社会满意度学生满意度等，评比工作是否有章可循，且已经过公示。三是学生的参与意识，通过合适、合理、合法的形式反馈意见。学生在集体中是否具有威信，是否德智体美劳全面发展，是否积极参与社会实践、劳动锻炼、勤工助学、社会调查、志愿服务、科研创新、校外参观等，是否具有强大的理论知识储备、判断力、执行力、意志力。四是发展党员，是否定期举行"三会一课"，是否设置谈心谈话记录制度。党员同学有无发挥党支部的先锋模范作用、发挥党支部的堡垒作用，关键看是否在关键的时候挺身而出，带动全体同学参与。五是职业规划，学生是否了解自身的兴趣爱好和特长，这些关键性的素质恰恰就是创新教育的一个起点，通过职业规划、创新创业教育、职场素质培养的相关课程和实践训练进一步提升学生的毕业率，还要考察担任学生干部情况以及学业成绩，召开线上线下会议与开设创新创业课程这些指标都可以作为判断辅导员专业能力的指标。六是学生创新创业，主要看辅导员是否有科研项目、开发网络平台、发表论文以及创建工作室，运行学生社区、行为研究实验室、场景模拟区等教育模式，以考察可供学生共享资源的程度。七是辅导员培训，包括哪种级别的培训以及哪些内容的培训。这些指标可设置细化量化项目，也可以设置自我描述项目。八是领导满意度、同行满意度以及学生满意度，可通过年终述职、同行背对背评分等方式得出，但是应注意题项设计会影响评分高低，应配套设置具有评审职能的委员会。

除了量化指标，还需要建立价值评价系统。检查培育社会主义核心价值观"富强、民主、文明、和谐，自由、平等、公正、法治，爱国、敬业、诚信、友善"的落实情况，这是我们建设社会主义现代化强国共同的价值观。辅导员对学生不能仅要求学业好，更要培养其职业素养；党建方面辅导员要对党员、积极分子、学生骨干高标准、严要求，鼓励党员发挥先锋模范作用，行事决策走群众路线。培养好每一个党员争先创优的品质，使每一个工作环节最终都能得到学生的认可，争取群众的高满意度，监督所在党支部发挥先锋堡垒作用。应考察党员党性，锤炼党性要比别人主动承担更多的责任，而且可能比别人吃更多的苦，却不计得失，努力成为同学们的榜样，争做管理"时—地—人"的岗位能手。目前，高校学生基本实行综合测评，应踏实做好此项工作，从德智体美劳全面设置评比项目，也应设置评分委员会，通过自我评价、同学评价和老师评价等进行综合评价。综合测评包括工作满意度、师德师风、威信声誉、办事覆盖度、学科宽度、业绩赛绩等。

需从"全生命周期"的角度去评价辅导员的工作，考察辅导员是否明确自身工作的内涵、角色定位以及面临的挑战，是否善于解决日常工作中的问题。无论遇到的是学生的问题还是校方的问题，都应主动联系各个部门，甚至校外机构。是否充分利用社会教育资源开展社会实践基地教育，培养学生的爱国主义情怀。新时代任务清晰，辅导员应紧跟政党的步伐，担负立德树人重任。一方面考察过程，是否检查关注意识形态和维稳工作，是否明确问题导向、目标导向、价值导向、生活导向、人生导向、安全导向，体现个性化人文关怀 。另一方面考察教育成果，既包括阶段性考察，又包括校内表现、校外表现和毕业后表现的综合考察。明确辅导员工作职责，明晰德智体美劳全面发展的育人目标，时刻关注党和国家对思想政治的形势要求，关注学生个人和群体的系统发展，把各项服务工作做细，执行党和国家以及学校的各项方针政策，运用专业的心理学知识，为学生提供初步的心理咨询服务，对有心理障碍和精神疾病学生应及时转介心理咨询中心或专业医疗机构。发挥好思想政治教育的政治引领、心理疏导作用，做好必要的行政工作，维持校园秩序，包括课室、食堂、寝室以及校内外的公共场所秩序。积极培养提升学生综合能力，充分利用校内外可用资源，指导学生开展丰富多彩的校园文化体育艺术活动、放飞梦想的科技学术活动等，提供创新创业平台，培养学生服从性思维、批判性思维、发散性思维、专业性思维、系统性思维等，培养爱国、敬业、诚信、友善的情感和品德，注重把握"时—地—人"三维资源，维护和谐平安的学习、工作和生活环境。考察优秀的学生骨干、学生党团员等先进个案，是否积极参与学校事务管理，高质量参与开展党建工作，积极参与学生科技学术等创新创业活动，练就忠诚慎独的品行；是否掌握问题解决的分层分类，按程序处理问题；是否发挥党员先锋模范作用和党支部战斗堡垒作用，是否建设先进团支部、班级……

总之，辅导员要开展一系列教育动员会、教育总结会、专题教育课等，组织学生做好综合测评，引导学生主动提升与他人沟通能力，乐于助人，经常为集体服务，组织活动，积极完成力所能及的工作，生活规律，注重内务卫生，注重寝室安全。激发学生党员、团员、学生骨干争先创优精神，见旗就扛、不甘落后、体现先进性，积极参与大学生科技创新活动，营造创业氛围。还可考查学生科研参与度和定期公布表彰科研成果，学生科技创新创业均属于高难度操作，应每年系统地、有步骤地开展相应的活动和表彰来确保教育效果，把握每学年的奖学金评选工作，监测教育效果。可将党支部"三会一课"与学生社团活动、学生会活动等通过制度结合起来，通过撰写思想汇报等方式检查学生对党的理论知识的掌握程度，党支部团支部每年应组织民主评议、团学活动总结大会等，学会总结，指导学生开展批评与自我批评，在批评中培养遵守原则、谦虚谨慎又不失助人成长的精神。除此之外，要定期整理毕业生的考研率与就业率、学生参与活动的满意度，辅导员应从这些数据中学会反思工作思路。日常检查学生出勤表现的行为测查表（即考勤内容和考勤方式与次数）、工作流程、工作记录，每半年或全年一次的工作计划、工作目标、工作总结（可使用直角坐标事件登记图）、工作台账、项目管理、项目突破点、典型案例等。指导学生撰写工作计划、工作总结等文书材料，提高学生的写作能力，锻炼其语言和文字能力，提高学习理论能力，使其处事待人的能力和素质养成与时俱进。挖掘发挥先锋模范作用，收集高质量、创新性强地完成各项工作和任务或解决了某项实际问题的典型案例。工作评价可以从定性到定量，设计指标题项供辅导员做"有"或"无"的选择，把选项结果定义为"有 = 1"和"无 = 0"编码，转换成数字后可以使评价更加直观。"工作特色、学生满意度、辅导员自身满意度以及工作的上级领导满意度"等项目各以五分制进行评分。再结合常用的"德能勤绩"评价表综合反映辅导员个人或集体的情况，为各类评优评先提供参考数据，尽可能客观地反映辅导员的工作实绩，强调量化，从而使辅导员体验获得感、成就感、幸福感和安全感。此外，如果对总体数据进行关于某些特定项目的相关性分析，可以对之后的工作进行科学调整。总之，量化、直观化和数字化可在一定程度上反映辅导员工作的标准化进程。

第三节　监测体系化

为确保辅导员工作发挥实效及推进标准化进程，将学校教育与辅导员工作相关的事情或相互依存的思想意识统一起来、组织起来，可从以下几方面去系统监测辅导员工作的效果。

一是建立具有"瞭望"功能的辅导员工作室，发挥工作室各成员特长，通过观察、问卷调查、追踪等方式了解大学生状态。随着社会发展出现不平衡、不充分的矛盾，学生发展也出现了"重实践、轻理论""重专业、轻人文""重发展、轻生态"等问题。因为学习理论需要沉下心，看书、钻研都很花时间，一旦注意力不集中就会颗粒无收；专业学习涉及的大部分是程序性知识，而人文关怀大多涉及的是陈述性知识，对于这两种知识人们因为更重视结果而偏向于程序性知识，往往不重视去严谨而细致地描述和追踪过程，因此容易忽略人文知识，不重视概念等陈述性知识。需要帮助学生在形成专业思维的同时也关注和提升人文素质。人文素质的养成需要积累历史、社会、政治、文化等知识，还需要修养品德、提升境界、焕发人格、实现自身价值等；上大学是为了更好地谋求发展，但有的学生只顾一往直前，忽略了务虚，但务实又能力不足，甚至为达目的不择手段，这都是因为不具备可持续的"生态"意识。仅仅关注眼前利益，是不可持续的发展。辅导员要经常灌输生态思想，尽早发现缺乏生态意识的现象并加以遏止。辅导员工作室可以开展讲座、科研等学术活动，适当公布校情数据，并将工作室开展情况和成效作为考察辅导员预测能力的监测点之一。

二是建立辅导员业务动力监测数据库。辅导员要有"成为大学生人生导师"的理想，才能发挥好政治引领和心理健康教育的职能。对标社会主义核心价值观，对表检查大学生的情感认同与行为习惯的实际情况；有策略地辅导大学生积极成长，包括思想动态调查、职业生涯规划指导、学习心理辅导、爱情情感支持、个性行为养成与人际交往指导等，可以汇聚多方力量进行职业素质养成，为大学生将来进入职场培养所需的职业自觉和职业人格。疏解情绪、修补"短板"，把提升大学生的幸福感和获得感作为辅导员工作的主业之一。辅导员需要主动涉猎多学科门类知识的动力，一方面通过定期检查以促进实际工作能力、应变能力、判断力、执行力、领悟力等能力的提升；另一方面可以检查辅导员思想政治教育业务能力，包括工作是否做到理论联系实际、工作模式是否明确、对工作效率的判断是否准确等。

三是建立各职能部门联防联动机制。对学生传染病防控、身心危重疾病干预关注出行意外、情绪安稳、财务安全、用电安全、网络安全等。网络安全包括发表言论守法、保护个人信息安全、养成健康的上网习惯、防止经济诈骗（骗与被骗）等。辅导员应经常走访校园、寝室、食堂，排查安全隐患，关注学生的情绪、人际、生活习惯等情况，向职能部门反馈情况，达到及时有效地阻止因情绪波动导致自残自杀或实施违法犯罪行为的目的。

四是建立辅导员工作话语体系。语言是文化的标志，是人际关系的中介，从问题发现到问题解决，需要辅导员特有的话语表达，使话语结构化从而建立起话语体系，学生小圈子如宿舍、社团、班级、党团等文化随之受到影响。人说出的语言常常受他自身的价值观影响，而参与了舆论的语言凝聚成一种局部的或某个领域所独有的氛围，久而久之就形成一种圈内文化。众所周知，文化对人的影响是可以感知的，可通过观察、问卷调查、访谈、社交媒体等方式对文化现象进行话语方面的监测分析。

　　五是继续完善辅导员工作制度。首先确保避免辅导员工作因个人能力和素质不足所造成的工作效果随机性和职业倦怠；其次确保科学化、规范化地开展工作，建立起"评价—反馈"循环；最后确保辅导员课题研究推进"专业化—职业化"进程，从而推进辅导员队伍建设。

第九章

辅导员"专业化—职业化"工作体系

辅导员工作从琐碎繁杂的状态发展成"专业化—职业化"的状态，需要多学科理论支撑，包括教育学、心理学等多学科在内的知识融合，最终达到指导学生学习、工作和生活，使其自觉成长成才，"德智体美劳"全面发展，成为真正的社会主义建设者和接班人。

第一节　铸魂育人的案例

习近平总书记在中共中央政治局第五次集体学习时强调，"要坚持不懈用新时代中国特色社会主义思想铸魂育人，着力加强社会主义核心价值观教育"[①]。辅导员要积极加入实施"时代新人铸魂工程"，引导学生树立坚定的理想信念，永远听党话、跟党走，矢志奉献。"落实立德树人根本任务、全心全意为人民服务、办好人民满意的教育"是全面建设社会主义现代化国家的现实需要，更是高校胸怀"国之大者"，坚守为党育人、为国育才初心，勇担"国之大计、党之大计"的使命，

---

① 习近平在中共中央政治局第五次集体学习时强调：加快建设教育强国　为中华民族伟大复兴提供有力支撑［N］. 人民日报，2023-05-30（1）.

是职责所在。辅导员应引导大学生熟知我们党百年来的奋斗历程，了解亿万中国人民已经创造和正在创造的时代奇迹，感悟马克思主义中国化时代化的理论魅力。新中国成立初期大庆铁人王进喜被誉为"中国铁汉"，东北松辽石油大战打响，王进喜率领 1205 钻井队以"宁肯少活20 年，拼命也要拿下大油田"的顽强意志和冲天干劲，打出了大庆石油会战第一口油井，创造了年进尺 10 万米的世界钻井记录，"有条件要上，没有条件创造条件也要上"是王进喜的口头禅，大庆精神、铁人精神已成为中华民族精神的重要组成部分。新时代的劳动者不仅要传承劳模精神，也要在职业生涯中因为不断创新体会源源不绝的获得感和幸福感，从而传播中华优秀传统文化，为人民谋幸福、为民族谋复兴。

辅导员工作也具有"为人民谋幸福、为民族谋复兴"的时代担当，带领每个大学生一起将为实现自由而全面发展的"个人梦"与社会发展的"中国梦"统一起来，共同构建人类命运共同体。"学习强国"网络平台 2023 年 4 月 13 日登载了中共中央宣传部、教育部联合发布的电子科技大学提供的 2022 年"最美高校辅导员"李毅老师的先进事迹。他工作的理念是，"我走过的路也是他们（学生）即将要走的路，我踩过的坑是他们（学生）可以去避开的坑"。他聚焦学生的个性化需求，构建"一梁五柱"学业发展体系，开展个体咨询与帮扶活动，"'一梁'是引导学生争做电子信息精英人才，'五柱'是学风建设、制度保障、习惯养成、资源拓展、氛围营造"，总结凝练出"四维四化"工作方法，即"思政教育、学生管理、发展指导、素质能力"四个维度，以"精品化、精准化、体系化、专业化"为落脚点开展工作。他总是想方设法去帮助学生，比如，为了帮助同学们充分就业，他给同学们进行模拟面试和就业答疑，尽可能地帮助大家找到最适合的工作岗位。他的理想是拿下博士学位，希望在专业化、职业化上进一步加强，真正成为学生的人生导师，引导学生夯实专业基础、厚植家国情怀，为国家的电子信息行业解决"卡脖子"的技术难题贡献力量。这些先进辅导员案例有助于激发辅导员的工作活力。

辅导员也可以运用创新创业的成功案例作为学生的示范教育。动员学生开展科研工作实属不易，一方面专业课教师很难抽出时间为学生设计课题，另一方面有科研想法的学生没有足够的知识和能力去独立开发项目，辅导员的作用就是协调这两者之难。当年就有一个贫困女生，很有科研的想法，我作为辅导员指导她自学理论、收集资料并形成了初步的科研方案，我将方案交给了有科研热情的老师，她看后就要了学生的联系电话。这位老师和学生经过两年的共同努力，发表了高级别论文。由于这位贫困学生自立自强、刻苦努力，她不仅学业优秀，还担任学生干部，参加社会实践活动，表现优秀，毕业的时候取得了上海交通大学的免试入读研究生通知。当时安排了经验交流会，低年级的同学了解了她的事迹后也深受启发，之后不断有学生参加科研、发表论文、获省市级奖，老师们也备受鼓舞，越来越多的老师加入指导本科生科研的行列。实际上，这些科研指导工作都是在课余工余完成，靠一腔热血而成。之后也有不少学生参加创业项目，有的获得省市奖项，有的还闯入了国家级表彰。然而，毕竟创业的难度很高，成功创业的学生案例并不多，在大学阶段，归根结底是要培养大学生创新创业的自觉。成功案例需要宣传，辅导员在宣传时应注意向大学生适当解读，避免激发虚荣心和功利心，主要介绍这些优秀学生如何一步一步走向成功，他们是哪方面比较自觉，与这种自觉相关的因素是什么。一定要明确创新能力和科研素质都不是一朝一夕就可以养成的，总是与做人做事的能力相辅相成，科研也要接受失败的试验结果。不要形成功利的思想，认为每个人只要付出了，就必定能获得奖励。因此，培育创新教育成功案例已成为辅导员迎接新时代挑战，发展"专业化—职业化"技能的成果之一。

第二节 自我实现的展望

辅导员也要树立起自我实现的志向。对学生而言，辅导员是满腔热血的"奥特曼"，动漫里那个充满特异功能的超人，能帮助学生的方方面面。学生非常需要辅导员的及时帮助，他们总是形容辅导员像"打了鸡血"，辅导员对学生全方位关注，甚至包括各种生活细节。因此，辅导员要对经历过的工作做好总结，从而形成工作成果，投入社会科学研究中，使之成为科研成果，科研成果一旦成熟就可以转化为有社会价值的产出，体现工作实际效用。在此基础上，辅导员也要帮助学生树立起自我实现的志向。辅导员可以通过心理健康教育课程、职业生涯规划和就业指导课程，通过理论讲解、心理素质测评等方式，帮助学生了解自己的个性、爱好、特长等，组织开展社会调查、职业调查、劳动调查，培养学生收集资料和分析数据的能力。首先，组织学生调研，可把每个学生的调研作为一个局部研究点；其次，把全班级学生的资料汇总后作为一个整体研究点，然后将局部数据和整体数据的数字化分析结果均反馈给学生，对照发现差距。通过社会调查，可以找到社会需求和职业发展规律，激发个人的发展兴趣点，帮助学生分析如何更好地将个人与集体、个人兴趣与职业需求融合起来，最终使个人的兴趣爱好与职业要求达到高度匹配，朝着实现"自由而全面发展的状态"发展。调研课题可以布置给低年级学生，入校就可以开始做，到高年级的时候可回顾分析一遍，到毕业后再自行反复自我评估和完善。辅导员要帮助学生在四到五年的大学生活中坚定正确的政治立场，把社会主义核心价值观融入其情感认同与行为习惯，同时也要教育学生尊重和爱护生命，积极悦纳自我、正确认知自我，经常多角度反省、自我评价，保持乐观的态度，不骄不躁，同时又客观看待自身不足，全面剖析自己。坚定自信心才能不断坚持，坚持不懈才会自我控制，人学会自我控制才能发挥出特长，从而挖掘出更多潜能，健全品格、提升意志，不断超越一个又一个子目标，最终达到自我实现的理想巅峰之总目标。

第三节　动力定型的模式

动力定型理论是由伊万·彼得罗维奇·巴甫洛夫提出，他是俄国生理学家、心理学家、医师、高级神经活动学说创始人。他所提出的动力定型是一系列条件反射的连锁系统，指的是人们在大脑皮层中按照刺激的顺序形成了比较稳固的、暂时性神经联系系统，它是人学习、习惯形成和满足需要的生理基础。辅导员要对自己的工作有一个清醒的认识，在一定时期要对自己完成的工作进行定量的分析：是否在规定的时间内完成了事情？完成了多少既定事情？已完成的事情质量如何？是否已做总结？在完成的事情当中自我表现如何？有没有发挥语言特长？是理论发挥作用，还是天时地利人和？对意外的事情处理效果如何？这一系列问题在辅导员帮助学生时可形成动力定型，同时，也可以培养学生根据需要发展适合自身的"动力定型"思维与行为习惯。

形成动力定型需要注意后续反应。往往当一个工作习惯固定下来得以使问题顺利解决后，可能又因思维固化而产生新的问题。如果施动者与受动者之间形成临时的人际关系，通过问题解决得到良性评价，这是理想的，关于这些问题解决的反馈以及相应评论，常常受施动者既定标准的影响。世俗通常是结构化的语言动力定型，这个定型评价一旦进入世俗舆论，形成文化氛围，就会催生出下一个问题。比如，购置一个用品，可以直接到实体店购买，也可以网购，选择如何购置这个物品就像选择一种思维方式，这种选择的模式就会产生评价，如果某一次的体验是施动者不太满意的，那么这次评价就会影响到他下一次的购置，先前购买者的网购体验还会影响后续购买者的信心。肯定的评价意味着问题已解决，而否定的评价可能会产生新的问题。有一些问题不是立即表现出来，而是会受历史、政治、社会或文化影响。当问题反馈到施动者的头脑中将引发一系列反应，第一反应则是启动相对固定的思维范式思考，做出符合施动者的下一个行动，从而使问题出现一个结果，这个结果一旦受到文化影响，则又会引发新一轮的评价，问题的转归就出现了分化，要么问题解决，要么产生新的问题。施动者采用现成的方法再次解决问题，可能又会出现新的问题，或者相同的问题再次出现。如果作为受动者只考虑对产品的满意度而忽略作为施动者的卖方或产品投递员的利益，那么这个施动者与卖家和投递员之间的"三角"关系就有可能产生新的问题，可见网购已经凝聚成一股相对固定的局部小文化，如果没有第三方调适会最终影响买卖的生态。因此，需要辩证看待动力定型的教育模式，并且注意扬长避短。

第四节　专业职业化趋势

当前，辅导员对学生的帮助逐渐呈现专业化趋势，表现在从零散的、随机的状态变成较有组织的、有思路的科学应对。诚然，真正要帮助到位首先应该把握好学生的身心状态是否健康，可有意识地监测其生命体征，其次是心理状态。辅导员需了解一些人性规律、人际关系、生命发展、友善有爱所形成的社会的、文化的具有精神内涵的理论，掌握一些行为管理、学习策略、团队运作、批判创新的理论和知识，开发一些有利于人的智商、情商等综合素质提升的教育活动，打造培养德智体美劳全面发展的抓手。学生以学为本提升学习能力最应成为心理健康教育的本质，以此实现学生自由而全面的发展，辅导员应该掌握好、运用好心理健康教育这一工具。科技发展促使国外心理学成为独立学科发展的历史足足比我们国家提早将近一个世纪，辅导员可以借鉴相关理论。同时，应结合我国大学生的实际情况，给予更多有效的帮助。否则学生就会坠入这样一个困惑："道理知道了很多，但就是过不好。"

辅导员要体现专业化需学好用好与学习相关的心理学知识去专业地帮助大学生提升学习心理。参考国外比较流行的心理学流派，一是被誉为现代教育心理学之父的爱德华·李·桑代克提出的联结说，认为学习有准备律、练习律和效果律。意思是练习越多，学习的正确联结就越多，分数就越高，我国学生参加各类统考大多采用了这一原理。然而这种学习方法可能会带来一些弊端，比如学生思维受限，学习乐趣被弃置，学习被动，体现在回答问题时过于机械化，将时间和精力用于做题。实际上，有效的学习确实需要积累知识，但积累知识并不能以机械的"强加式"方法来完成，正确回答问题不等同于真正了解事物的内涵，这种学习习惯在一定程度上阻碍了思维的发展和成熟，以至于在问题解决的时候，出现思维定式明显、运用知识的能力不足等现象，这种学习效果明显不大，难以指望把知识转化成生产力。桑代克已发现，当学习效果不满意时，学生反复练习的热情就会降低，所以成绩不太理想的学生本身就对这种学习方式缺乏热情，想逆转就要比成绩好的学生耗费更多的意志力，这样看来，在成绩方面后进生翻转的概率并不高。二是条件反射理论，此理论分为经典条件反射和操作性的条件反射理论，其中，经典条件反射实验是20世纪俄国生理学家巴甫洛夫的动物生理实验，"巴甫洛夫的狗"的反射弧理论仍在当下盛行，由于可解释人的行为习惯，此研究结果在当时对行为主义心理学家华生影响至深，他把人的学习全部定义为行为的强化，心理学家B.F.斯金纳则进一步将这个理论演变为操作性条件反射理论，认为学习就是通过强化刺激把"不可能"变成"可能"。实际上，健康的、正确的学习方式不需要持续依赖刺激物去激发和维持，但可以不定期去使用。实际上精神奖励已证明比物质奖励更能激发个体的优秀行为和学习行为，因为过于强调物质的刺激，可能会弱化当事人对行为意义的认识，因此，不宜将物质奖励泛化。心理学家阿尔伯特·班杜拉观察到人不需要理由就能主动模仿学习而忽略其行为本身的意义，借鉴这一发现，可以发挥优秀榜样的作用。在现实当中，人被激发出主观能动性后，其行为过程还可以伴有生态意识，这是理性思维、底线思维的基础。三是认知派学习理论，其改良了过于简单粗暴的行为主义，极大丰富了学习心理学理论。认知心理学家戴维·保罗·奥苏贝尔认为，人类具有"有意义学习"的特点，是用符号代表新知识，并与学习者认知结构中已有的适当概念建立起"非人为的、实质性"联系。社会心理学家J.H.弗拉维尔提出元认知的概念，对认知的认知，包括元认知的知识、元认知的体验、元认知的评鉴。有的学生可以通过自学开展科学研究而有的却不能，说明高考成绩不足以证明大学生实际的知识能力水平，因此除了学业分数还要重视学生的科技创新能力，如果对学生的评价标准单一，就无法选拔出真正具有创新能力的人才。高校要为新时代培养人才，需注重提升大学生自觉学习的心理。此外，要形成策略，应帮助大学生研究什么是学习，充分认识学习，扬长避短才有可能充分掌握和提升学习技巧，才能更好地完成科学研究，才能在创业的道路上走得更远。

辅导员是否做到专业化职业化还体现在话语体系的建立上。辅导员在与学生"互动—指导"的过程中，逐渐构筑出话语体系。辅导员首先要熟悉学生来自哪个地方，沟通的时候要多注意他的生活环境、文化氛围，可提前做一些初步的、周知的、基本的认知储备。学生对言语的反应常常受言语背后的思想支配，要了解学生的所思所想就不能不连带地去学习和收集其生源地更多的方言以及常用的一些俚语、歇后语等。从说话人的言语反应又可以观察推测其言语动机，同时，可以参考弗洛伊德的"无意识"线索进一步考察个体的真实想法或意图，通过这些语言线索可了解个体的能力素质、兴趣爱好、人格特质等。辅导员在思想政治教育中可以有意识地设置言语机制，通过训练言语调整个体的情绪，使之科学化、可操作化。思想政治教育需要阶段性地、有目的地、有计划地开展相应的教育活动，在活动中，辅导员通过动员、过程指导和总结，把教育目的渗透到活动中，令参与者满载而归，使之成为育人的重要环节，用简短的一番话语，达到思想政治教育润物无声的状态。在教育的过程中恰当使用语言通常需要科学的语言表达训练，比如，用"我觉得""我们希望""多一些分享"，替代一部分"你应该""谁都知道""好好总结"之类过于强硬的字眼，言语中遣词造句的修炼是深层次的、技术性的、深藏文化意蕴的。

辅导员的动员引导还需要加强思维训练。比如，有个著名的小品曾抛出一个极有意思的问题："如何把大象装进冰箱?"回答这个问题的方式千千万万，但程序越简单越受用，可用于解释概念问题、流程问题、品牌意识问题，甚至讨论诈骗问题。因为"大象"本来就比生活中用的冰箱体积大得多，硬要把大象装进去实际上是不符合逻辑的，本来这就是一个伪命题。但是，如果把"大象"定义为玩偶，命题就成了可以解决的程序问题，只需要"打开冰箱门—把大象装进冰箱—关上冰箱门"共三步。此外，如果把"大象"视为一种符号，就更轻而易举地塞进冰箱了。通过拓宽对"符号"的认知，帮助大学生理解"事物的表达形式"可造就生产力。注重务实，也不忽略务虚，符号除了表达品牌，还可以表达身份，现实中，志愿者佩戴袖章、服务行业设置党员窗口在实际工作中就能发挥积极的作用。

辅导员开展思想政治教育工作须加速建构模式发展。近年来盛行着心理学家维果茨基的建构主义学习理论，强调学生对学习整体性任务的主动认知。辅导员帮助学生解决问题发挥的只是"支架式"的作用，把方法教给学生，最终解决问题的还得是学生自己。比如，动员学生开发创业项目，引导大学生参与科研，常常要跟学生分析上大学的主要目的，将两者结合起来教育效果更好。如果学生仅仅坐在课堂上听讲、通过期末考试，经历个四五年时间就能拿个学位，其实这样是在白白浪费时间、资源和机会。大学生处于18~30岁之间，是社会中头脑最活跃、最有时间研究、最能利用资源、最不怕失败的一群人，应充分利用大学这个创新平台。大学生知识储备少，刚开始科研的时候当然什么都不会，但找资料学习的过程也是理论体系在其头脑中真正形成的过程，并不会拖累学业，反而能收获促进学习的动力。辅导员要鼓励、引导学生严谨地做好每一步规划。不必过于功利，能成功发表论文说明每一步都走得很认真，研究的问题很有质量，但是就算科研试验失败了也并不可怕，更不是"耻辱"，只是为将来的成功做铺垫。除了科学研究是创新，开展文化、艺术、体育活动也是创新，辅导员应鼓励学生根据自己的特长去创新。创新的每一份成果，即每一篇论文、每一个作品、每一次比赛，获奖了都可视为对创新的回报，就算不获奖，这个过程也是可贵的学习过程。创业，是创新回报的最高境界，它能将创新成果直接转化成有使用价值的产出，从而创造出经济价值或社会价值。有人担心大学生年纪轻轻就去考虑赚钱会荒废学业，得不偿失，其实大可不必担心这个问题。人凭什么立足于社会？就凭他的生存能力。在新时代，创新是核心能力，创业是包括了创新能力在内，集学习能力、专业技术能力、身心健康和资源使用能力等于一身的综合能力表现。资源使用能力又包括领导力、决策力、治理力和团队协作力等。通过各种创业创新训练，可以全面系统地刺激学习力，激发创新的主动性，甚至获得成果。在创业动员中，辅导员更应表明，学业能让学生"知己知彼"，而创业是学生"出奇制胜"的反映。创业也是就业的一种，无论升学还是就业，都是使自己构建完整学习思维和形成完善理论体系的过程，是一种自我建构的过程，是一种自觉的学习模式，有了学习的自觉，才会有学习的策略，才能吃苦耐劳达到最佳的学习效果。除了引导学生建构，辅导员队伍的自身建构也同样重要。这是一支执行力强的队伍，学生哪里需要就去哪里帮忙，所有对大学生的思想政治教育理念和政策措施都通过这支队伍去落实。然而，新时代变化速度快，辅导员队伍建设目前正进入一个漩涡区，从中国知网移动端"CNKI 全球学术快报"查询得知，"近十年辅导员队伍建设发文量呈缓慢递减趋势，研究热点集中在'辅导员队伍建设过程''辅导员专业发展''辅导员培养机制研究'。研究分为专业化建设初期、专业化培养完善时期两个阶段，未来新媒体时代的思想政治教育，以及协同育人模式，将成为新的热点。新时代辅导员队伍建设研究需搭建平台、抓热点、促交流并不断深化，以突破瓶颈，提升研究质量"[①]。可见，辅导员工作的"专业化职业化"趋势集中体现在"专业化"技能的形成上，专业化的团队建设需要自上而下

---

① 肖凡. 辅导员队伍建设研究特征、热点、脉络及展望：基于 CiteSpace、VOSviewer 的可视化分析 [J]. 互联网周刊，2023（13）：75-77.

与自下而上的管理充分结合，产生的理论相互碰撞出创新的火花。相信不久的将来，在马克思主义中国化时代化理论指导下，辅导员能够包容并蓄，充分发挥主体意识，根据实际情况有理有据、按部就班，又能从容应对解决"危、急、难"等各种问题。

第十章

开启思想政治教育治理现代化新局面

辅导员开展思想政治教育工作就是要开启教育治理现代化局面。教育部思想政治教育工作司 2023 年工作要点提出"升级高校学生心理健康管理动态分析与会商指导信息化平台动态监测功能"①，这意味着辅导员应提升自身素质、综合能力，丰富知识储备，经验丰富很可能已不再是帮助学生解决问题的决定性因素。辅导员在接手问题时，需要准确识别问题性质与根源，快速解决问题，提高工作效率。而属于其他工作范畴的问题，应及时转介应对，这也是对学生负责。辅导员须提供及时的专业指导和帮助，准确把握学生的特点，因材施教、不推卸责任、勇于担当，在不同的育人阶段对学生提出不同的目标要求，在帮助学生的同时引导出学生的自觉意识，与学生建立起互相尊重、互相信任且和谐共处的双向合作关系，而非学生依赖师长、师长全靠权威的单向关系。应指导学生主动了解国家形势、积极参与现代化建设，使自身进步符合国家自上而下的统一发展要求。同时，在学生群体中，要发挥民主集中制的优势，从而建立起思想政治教育治理现代化的新局面。

---

① 教育部思想政治工作司 2023 年工作要点［EB/OL］. 中华人民共和国教育部政府门户网站，2023-02-21.

第一节　总结规律做预案

往往有经验的辅导员可以敏锐地觉察出来现实中已存在的细微问题，并且发挥预测能力做好处理预案，这种能力先于一般人，甚至待问题真正出现时人们才会意识到这个问题原来真的存在，这些辅导员俨然是"预言家"一般的存在。实际上，学生可能在某个阶段某个时期就会出现有一定规律性的、共性的问题，辅导员可提前与相关部门沟通经验并提出预防措施，达到未雨绸缪的目的。这就是对规律的掌握。这些规律一方面是基于之前已积累的工作经验，而另一方面是通过观察、走访、问卷调查、互联网大数据等取得，如果对大数据进行数理检测，则可发现某些关联。有的辅导员凭过往的经验预测常常带有主观性，做出的预案就会缺乏精准度，因此天马行空不可取，而应采用流行病学和统计学等跨学科研究方式。为提高预判的准确性，辅导员比任何人都要更敏感地注意到某些事物的发展趋势，更快地找到倒逼问题解决的根本细节，从而对"因"下药；在问题解决后应做好阶段性的总结，防止同类问题再次出现，并持续关注其后续带来的负面影响，防备不可逆转的意外发生。众所周知，违法违纪是一次都不能允许出现的问题，一旦触及就要受到法律法规的严厉处罚，这就要加强法治教育，尽管学生在这个过程当中难免会产生一些抱怨情绪，辅导员也要不厌其烦地、定期地开展工作。有效预测已逐渐成为辅导员的工作技能之一，掌握这项技能有助于大大提高驾驭各类问题的能力。然而，判断问题解决的水平还得看实际效果，实际效果源于辅导员对学生长期的陪伴和清醒的分析。辅导员可按照"工作预案—问题出现—程序介入—结果评估"的四步过程提高预案能力，所有这些措施应有意识而为，不能跟着感觉走，或者臆测，应做到有理论、有思路、有方法、有依据，处理过程井然有序，有备而来、可防可控。

第二节　沉着担当且自信

辅导员需要养成的职业人格特质可以根据需要罗列出很多，正如指导大学生职业规划所广泛使用的霍兰德"自我指导探索量表"，通过量表测试可生成包含社会型、现实型、研究型、艺术型、企业型、传统型在内的六种人格类型代码，受测者可以了解自己的性格特点及与之相匹配的职业人格需求。比如，社会型人格具有合作、友善、助人、负责、圆滑、善社交等人格特征，与之相匹配的职业包括教育工作者、社会工作者等，受测者可根据自我建构的需求对照测试结果进行自我调适。根据以往经验，在辅导员这个岗位上，沉着、担当、自信是最迫切需要的职业人格特质。《现代汉语词典》中"沉"的意思是"往下落"，"沉着"的状态是"镇静，不慌不忙"。人处于慌乱中仍能保持沉着的状态，沉着是包括助人做事在内必备的状态，是不可估量的克服困难的力量，有助于充分发挥应有的智力水平。同时，沉着的状态也促进"担当"的人格特质养成。《现代汉语词典》中"担"是"用肩膀挑"，"担当"就是"接受并负起责任"。敢担当才有作为，有作为才有自信。《现代汉语词典》中"信"的含义有"确实、信用、相信、信奉，等等"；"信心"就是"相信自己的愿望或预料一定能够实现的心理"。其实质是一种倾向性的力量，因为"自信"可以汇聚并动用几乎所有的力量，能使人不畏艰难险阻追求目标从而达到自强的状态。自信自强是

146

中国共产党人素来具有的精神气度。党在辉煌的百年奋斗历程中正是依靠"自信自强",将马克思主义基本原理同中国具体实际相结合、同中华优秀传统文化相结合,从而不断开辟出马克思主义中国化时代化新境界。习近平总书记在党的二十大报告中提出,"推进文化自信自强,铸就社会主义文化新辉煌"①。辅导员开展思想政治教育工作也要自信自强、沉着担当,这是扎实推进立德树人根本任务、强化政治引领、引导学生树立远大抱负、坚定社会主流思想价值的教育力量。辅导员队伍应协同学校各职能部门充分发挥"大思政"育人作用,实现全员、全过程、全方位育人,从经济、政治、文化、社会、生态"五位一体"的角度高度认识立德树人的具体要求,帮助学生从道路自信、理论自信、制度自信和文化自信的"四个自信"中汲取强大的精神动力。可见,教育者对积极人格特质的养成是推进思想政治教育治理现代化新局面的重要条件,可针对这一特点对辅导员开展职业培训。

第三节　按部就班勿固化

《现代汉语词典》解释"按部就班"是"按照一定的条理,遵循一定的程序进行"。在日常工作中,辅导员按部就班是一种职业基本功,要练扎实、打好基础,做好基础性工作可以克服许多冲突和矛盾。与之相对应的就是应急,应急考验的是辅导员综合职业功力的发挥。当意外的、紧急的、重要的问题迎面而来时,适当运用理论指导和处置策略可

---

① 习近平. 高举中国特色社会主义伟大旗帜 为全面建设社会主义现代化国家而团结奋斗：在中国共产党第二十次全国代表大会上的报告 [R/OL]. 中国政府网,2022-10-25.

提升应急工作的针对性、技术性和有效性。现实对辅导员工作提出了极高的要求，辅导员需要具备同时处理多个问题的能力，而且对每个问题都需要用冷静的头脑谨慎处理，当思路暂时打不开的时候先按部就班，但是切勿让思维固化，须从实际情况的多个角度思考，提供有效的帮助，真正打通辅导员与学生有效沟通的"最后一公里"。灵活处理事情是管理当中的一大法宝，但也不意味着可以违反原则、突破底线，应在注重事物规律的基础上灵活应变。

按部就班可作为日常工作与应急工作的一种基础性策略，却不能作为办事的必然规矩。辅导员处理问题重在及时，及时却不可以成为出错、出纰漏的借口，为能始终保持辅导员解决问题的整体性、规划性和系统性，可先按部就班，待进入正轨后再考虑创新和突破。按部就班意味着按先前已设置好的工作程序和工作预案进行。发展学生党员的工作就是特别需要按部就班进行的一项工作。辅导员作为支部书记应认真组织和定期召开党员大会、党小组会、党支部委员会和党课，一系列会议和授课为加强学生党员之间的联系提供了条件。效果比较明显的是民主生活会和组织生活会，党内人员经常交流思想、交流经验，在开展批评与自我批评的环节，既要充分分析自身的不足和错误又要对他人提出善意的批评，由始至终要体现人本关怀。作为学生，就不应回避短板和不足，学生党员要敞开胸襟，提升气量，要勇于承认自身错误或提醒他人弥补不足，能达到这种境界需要一段学习的过程。应教会学生正确面对别人对自己提出的宝贵意见，也要学会对别人提出批评和建议，因为这是促进自己进步的学习方式。需培训辅导员无论是发展党员还是教育团员或其他普通学生，均需要对照制度或措施仔细检查，确保措施落细、落实。尤其在考察入党动机时，不能对有想法的学生一概否定或一棒子打死，需要特别耐心地引导他们对党的要求的学习以及对其自身思想状况和觉悟的认知。教育学生党员、发展对象、入党积极分子、团员或群众等一切追求进步的学生，首先，要引导他们以《中国共产党章程》为依据，学习好党的相关理论知识，对党的指导思想、性质、方针、政策，党史的发生、发展，党员的权利义务，党的组织及其组织原则和纪律以及党旗党徽的相关知识，等等，都要了然于胸。其次，避免因按部就班滋生的懒惰情绪或因循守旧的态度、思维和作风，应持续保持学习的心态和习惯。在当今新时代就要学习习近平新时代中国特色社会主义思想，学习党的二十大精神，学习领导人以节日、纪念日为契机的一系列讲话精神和指示批示，学习形势与政策，与时俱进，保持对国内外形势和发展状态的准确认知和判断，确保立场和行动与以习近平同志为核心的党中央保持高度一致。再次，还要摆脱可能因为按部就班所形成的僵化局限思维模式，打破固有思维，大胆开展工作。应积极响应党中央的号召，指导党员、入党积极分子、共青团员、学生骨干和其他广大青年学生学习党史、新中国史、改革开放史和社会主义发展史，学史明理、学史增信、学史崇德、学史力行。辅导员应专注于引导学生善于把学习成果转化为工作动力，激发更大的工作热情和工作成效。最后，日常应注意打磨好学生的能力和意志，搭建创新创业平台，促进学生形成创新意识、提升组织协调能力、养成雷厉风行的工作作风，带动起积极活泼、富有创造力的学生群体氛围，促使其在关键时候挺身而出，在将来的工作岗位上发挥先锋模范作用。

第四节　熟生巧与急生智

《现代汉语词典》中，"熟"是"果实完全长成"，引申为"因常见常用而知道得清楚""程度深"等意思。《庄子·养生主》载有"庖丁解牛"的故事，谓庖丁长期从事屠宰，熟悉牛的解剖结构，宰杀时毫不费力、游刃有余。此典故与"卖油翁倒油"的典故都是大家耳熟能详的故事，均含有熟能生巧之意。熟能生巧是一条普遍应用的教育规律，应试教育就是通过大量练习来掌握知识。实践证明，这种教育曾经发挥过很大的作用，但副作用极强，在很大程度上束缚了学生的创新精神。要提升大学生创新精神、完善其能力和人格，需要培养以创新为核心的教育思想，除了反复熟悉，还需要打破陈规、不拘一格。可见，要形成良好的治理局面，既不能没有熟悉，更不能停留于只熟悉某一项事物。缺乏创新则独立性和自信心不足，缺乏质疑精神和发散性思维的养成的素质教育是不完善的教育，是体现不了现代化的教育。

《现代汉语词典》中，"急"是"想要马上达到某种目的而激动不安""着急"。"急中生智"是指"在紧急中想出好的应付办法"。但是，急往往会造成错漏，工作中常因急而出现慌乱和被动的局面，所以管理人员需要经常研究危急情况下的行为应对，应汇集而成应急管理程序。需培训辅导员在遇突发情况时，一方面需要保持沉着冷静，分层分类解决急难愁盼等问题，另一方面按照预定的工作程序按部就班进行，其中向上级领导及时报告是重要之举，不仅是行政管理的要求，而且可以为思索应变办法赢取时间。同时，辅导员也可以充分利用时间、结合自身经验思考出有效的、科学的解决问题的举措。

第五节 遵循规律与建序

《现代汉语词典》中，"规"是"画圆的工具"；"规律"是指事物之间内在的本质联系。这种联系不断重复出现，在一定条件下经常起作用，并且决定着事物必然向着某种趋向发展，也叫"法则"。党和国家开启治理现代化建设，就离不开法则，在法治社会中，每个人都要遵守法则。在高校中，每一位学生都要遵纪守法、遵守各项规定。马克思主义作为科学的理论，创造性地揭示了人类社会发展的一般规律，为人类指明了实现理想社会、从"必然王国"向"自由王国"飞跃的途径，为人民指明了实现自由和解放的道路。辅导员专业化职能是应时代需求而生的产物，有助于推进治理现代化，创新教育模式已势在必行，可依托云平台深化"一站式"学生社区管理模式，以加快打造学生党建前沿阵地的步伐，创造新时代高校版"枫桥经验"。此教育模式具有全员参与的特点，从领导到各职能部门至辅导员，打破年级、专业、师生界限建立党支部，及时协调解决机制构建、资源配置、经费保障等问题，以服务奉献为导向，开发"线上、线下"讨论一体化模式。探索学生社区育人生态，为精准对接解决学生思想、学习、生活、发展等实际问题保驾护航，实现理想信念"浸入式"宣传教育，帮助学生养成良好的学习习惯，提升其实践劳动意识，培养其自主意识和自律能力。"一站式"学生社区管理实现资源共享，为高校管理绘出了新的蓝图，在辅导员职业培训中应强调对学生工作的自我建构与顶层设计建构相结合。

结　语

　　辅导员是高校里一个年轻的岗位，却肩负着为社会发展培养人才的重任。在互联网、大数据时代，辅导员工作思路需要重新打开、修整、充电，才能有足够的能量去面向世界、面向未来、面向现代化。辅导员开展思想政治教育工作的专业化职能符合新时代的迫切需求，具有重要现实意义，应牢牢把握意识形态坚定性和前沿引领性，坚守立德树人阵地，掌握先进的思想和理念，在瞬息万变的时代，用好工具，把握资源，从细微入手把控育人质量。只待找到适合的创新之举，高校辅导员的发展终将托起"一片蓝天"。

　　开展思想政治教育，辅导员要加强团队合作，加强辅导员与学生、辅导员与辅导员、辅导员与思政课教师、辅导员与职能部门、辅导员与上级等全方位合作，让每一位辅导员都发挥出自身特长，在团队中担当不同的任务角色，找准专业定位，在纷繁杂乱的工作中找准关键点，精准发力，把千头万绪的工作系统化、专业化，把服务工作项目化、目标化，彰显辅导员的专业化素养，把时间、空间和相关联的人和事组织起来，厘清各项工作的专业范围、专业理论和专业思维，坚持意识形态主导，辅以专业的心理疏导，发挥思想政治教育的积极作用，并以社会主义核心价值观进一步引导大学生世界观、人生观和价值观教育，做好历史传承，弘扬中华优秀传统文化，使兼容并蓄的思想政治教育工作焕发出活力，绽放出中国特色的光芒。

辅导员开展思想政治教育工作"专业化—职业化"已形成不可逆转之势，不在于撑起那片"蓝天"的"支点"有多少，而在于其实现形式有多少。辅导员工作之所以能够专业化，其一在于其职业形成所具有的历史逻辑与可持续发展的动力相结合，关键在于其专业化程度，实质在于辅导员的职业品格和职业素养。辅导员具备的忠诚、慎独、沉着、担当与自信特质，是政治素质过硬的基础。党和国家的事业发展需要政治素质过硬的干部，更需要政治素质过硬的接班人，所谓"打铁还需自身硬"，辅导员先要自身具备条件，然后把握住"时—地—人"三维资源，尽量发挥其优势去创造辉煌。其二在于其技术含量之丰，其实质是解决学生问题的精准度，从问题导向到问题解决，无不散发着智慧的光辉。辅导员在中国化时代化的马克思主义的指导下，融合哲学、心理学、管理学等多学科知识对问题解决形成可操作性的实践理论，为问题解决的实践提供了重要的理论遵循，把问题解决中的"两难选择"作为基本技术，加深对社会舆论的认识，把其对问题解决的促进或限制作用当作学术来研讨；设计工作流程，借助古今中外心理学家、哲学家、政治家和管理学家对无意识、意识现象的研究成果，既吸收外来思想精髓，又传承中华优秀传统文化。其三在于制度保障，根据学生各成长阶段特点设定工作流程、配备专业团队、实行督导制度，最大限度地避免工作随便、思路模糊或避重就轻等现象。把"个人梦"与"中国梦"结合起来，"对标"社会主义核心价值观，遵守民主集中制原则，"对表"新时代新要求，充分打开"显性+隐性"兼容模式、"自下而上+自上而下"双向模式，既保持辅导员工作的政治属性又发展其专业性，使思想政治教育实践达到合社会性与合规律性的统一，从而形成标准化的指标体系。

辅导员开展思想政治教育离不开互联网、大数据的大背景、大环境。通过互联网技术动态掌握大学生的大数据是工作的突破口，比如，通过整合数据如学生兴趣点的分布、学生成长轨迹、学生优劣势直观图等，根据数据反馈的情况创设多种活动平台和条件，使学生在实践中感知社会需求、提升对事物的认知和自身发展程度，引导学生自觉对标对表，做好自身发展探索和职业规划，掌握可持续性发展的规律，及时收集相关数据进行教育效果的横向比较和纵向追踪，最终推动学生的创新、创业、就业等能力发展。充分发挥网络和数据库的功能，常规收集基础信息，包括人员的基本人口学资料、任职、获得的成绩和奖励（荣誉）、党团班级干部培养、困难帮扶、参与活动及其满意度评价、毕业情况等。根据需求绘制个人成长直观图、满意度和团队比较图等，可倒逼辅导员提升教育资源的利用率、精准运作路径及其有效性，把一些相对固定的数据作为辅导员工作的基础，同时作为与实际发展状况相比较的标准。辅导员网络工作模式研究有助于进一步提高辅导员工作的有效性，促进辅导员团队建设和健康发展以及自我构建式评价体系的形成。高校应确保辅导员队伍的相对稳定，把学术研究、团队运行以及网络在思政工作中的使用占比作为有效提升辅导员工作质量的标志。

总之，辅导员开展思想政治教育工作从始至终充满挑战与智慧。进入新时代新征程，辅导员应不断明确自身角色定位，为适应新时代的发展需求，提升构建管理育人新秩序的自主性，务求工作更加专业化、时效标准化、监测体系化，为培养德智体美劳全面发展的社会主义现代化建设者和接班人而努力开启思想政治教育治理现代化新局面！

参考文献

一、著作

[1] 教育部思想政治工作司. 高等学校辅导员工作概论 [M]. 北京: 高等教育出版社, 2011.

[2] 教育部思想政治工作司. 大学生思想政治教育与管理比较研究 [M]. 北京: 高等教育出版社, 2010.

[3] 林崇德. 发展心理学 [M]. 北京: 人民教育出版社, 2009.

[4] 论语·孟子 [M]. 刘宏章, 乔清举, 校注. 北京: 华夏出版社, 2000.

[5] 彭聃龄. 普通心理学 [M]. 北京: 北京师范大学出版社, 2009.

[6] 邱鸿钟. 大学生心理健康教育 [M]. 广州: 广东高等教育出版社, 2012.

[7] 俞吾金. 意识形态论 [M]. 北京: 人民出版社, 2009.

[8] 张澍军. 学科重要理论探索: 我的18个思想政治教育见识见解 [M]. 北京: 中国人民大学出版社, 2018.

[9] 张耀灿, 等. 思想政治教育学前沿 [M]. 北京: 人民出版社, 2006.

[10] 郑永廷. 现代思想道德教育理论与方法 [M]. 广州：广东高等教育出版社，2000.

二、译著

[11] 马克思. 资本论 [M]. 中共中央马克思恩格斯列宁斯大林著作编译局，编译. 北京：人民出版社，2018.

[12] 康德. 判断力批判 [M]. 邓晓芒，译. 北京：人民出版社，2002.

[13] 巴伦，伯恩. 社会心理学 [M]. 黄敏儿，王飞雪，等译. 上海：华东师范大学出版社，2004.

[14] 罗素. 西方哲学史 [M]. 何兆武，李约瑟，译. 北京：商务印书馆，2015.

期刊

[15] 陈俊元. 书院制模式下高校辅导员的角色定位和发展对策 [J]. 知识文库，2023（12）.

[16] 冯刚，梁超锋. 新时代高校意识形态安全体系构建的基本原则和重点 [J]. 思想理论教育导刊，2020（2）.

[17] 加亚杰. 高校辅导员专业化发展的困境与出路 [J]. 新课程研究，2023（17）.

[18] 江晓燕. 心理健康教育中思政教育的定位与实施建议 [J]. 黑龙江教师发展学院学报，2023，42（4）.

[19] 李波，苏扬婧. "大思政"格局下高校辅导员专业能力和职业素养提升研究 [J]. 湖北开放职业学院学报，2023，36（10）.

［20］孙劲松，闫丽娟.苏联解体前放弃意识形态主导权的惨痛教训［J］.科学社会主义，2020（5）.

［21］项久雨，龚安静.思想政治教育时间的结构呈现与实践价值［J］.探索，2023（3）.

后　记

　　写作就是创作，创作的过程很快乐！每一次徘徊和顿悟都使我在边学边创作的路上孜孜不倦，在追求学术的路上不敢有丝毫的停歇。我已在辅导员岗位工作25年，在工作中，我为学生开展一系列的教育教学活动，包括校园文化体育活动、知识竞赛、形势教育、社会实践、劳动锻炼、心理咨询、职业规划课程和心理健康教育课程等，在教育教学过程中，我深深体会到辅导员工作的艰辛，把每一个问题都当成学术问题来研究，终究成就了本书。

　　时下国家稳定，社会主义优越性不断凸显，在全面建成小康社会后又开启了全面建设社会主义现代化国家新征程。当下，每一个人都肩负着中华民族伟大复兴的重任，国家对教育发展倍加重视，对高校辅导员工作也给予了新的期待，令我增添了不少信心和动力。本书撰写之初确实思路未明，是书籍和互联网帮助我开阔了研究视野，逐渐理清了一些线索，主题论据逐渐明朗起来，终于得以完稿。辅导员工作琐碎，理论不好把握、经验不好总结全面，我却仍希望通过学术研究的方式，使自己对辅导员工作了解得更深入一些，也为辅导员业界提供一些有意义的心得，期待能对新入职人员有所启发。

　　我1993年就读于广州医学院（广州医科大学前身）的临床医学本

158

科，毕业后留校担任辅导员至今 25 年，虽未能在医疗行业发挥作用，但是一直牢记毕业招聘面试时对学生工作的理解和许下的承诺，坚持将此作为"治病救人"的阵地。虽然已不从事临床工作，听诊器已不再是"武器"，但是，惩前毖后、治病救人的"治"，目的都一样，理论就是治的"武器"。我从最初学医毕业到现在从事思想政治教育研究，一直在辅导员岗位，是热爱助我战胜了工作中的一个又一个困难。学生顺利升学、毕业和就业就是对我最好的回报，也激发了我对学生的持续关注，更增加了我从经验中提炼理论的兴趣，提炼的过程正是学习和研究的过程。我在拜读伟人著作的过程中对自己的人生、对所承担的辅导员工作产生了新的认识。辅导员就是学生的知心人、教育的执行人。除了把控学生群体的意识形态、确保政治安全外，开展思想政治教育还要经常陪伴学生，参加他们的活动，了解他们的各种心理状况和实际困难。帮扶和教育是辅导员的事业，需要运用大量的理论，包括哲学、心理学等。当来自西方的理论应用于东方的教育时，要清楚适应证是什么、有没有副作用，这是沿袭医学思维的做法。打磨"武器"不能仅限于已知的几个理论，需要时常在工作中边用边学、学以致用，这是辅导员职业能力拓展的一种方式。辅导员面对的不仅有学生，还有学生家长以及学校的领导和同事等，我希望这些年日积月累的理论都能派上实际用场，这是很幸福、很有成就感的事情。做事业要有学问，做学问就要历练！撰写文章或论著也是一种历练，书中有一些表达还不太成熟，请读者给予宽容、理解，批评也是一种支持，毕竟这是我探索的一种收获。本书也收集了我多年从事教育的一些做法和想法，希望能借出书的机会与各位分享；也有一些是展望，表达我对未来教育的美好期待。人生的意义就在于坚持一项久久为功的事业！

感谢光明日报出版社第二次给予我出书的机会，上一次是开展心理健康教育，这一次是开展思想政治教育，站在辅导员的角度去实践这些理论，与心理咨询师和思政专业课教师无论在教学内容还是实际操作上都不一样，但是都要求收到立竿见影的效果。这些能力和知识不仅靠工作积累，也从多年学历教育、各类培训中获得。撰写书稿的时间过得很快，五年光景匆匆流逝，很多事情早已变，唯有初心未曾变。"惊心白发嗟何益，过隙光阴去莫追。"最后，感谢学校领导、同事以及家人和朋友，他们一直鼓励支持我。

赵　妍

2023 年 8 月